World Famous Songs

애창세계명곡

일신서적출판사

차 례

강 건너 봄이 오듯

송길자 작시
임긍수 작곡

저 만큼새벽안개 헤쳐 왔네
소 - 리물흐르듯 나부 끼네
연 - 분홍꽃다발 한 -
내마음 어둔골에 나의
아 름안고서 물 - 건너 우런한빛 - 을 우런한
봄 풀어놓아 화 - 사한 그리움말없이 그리움
빛 - 을 강마을에 내리누 나 앞 강
말없이 말없이흐 르는구 나 오늘

에 살 얼 음 은 언-제 나 풀 릴 꺼
도 강 물 따 라 뗏 목 처 럼 흐 를 꺼
나 짐 실 은배-가-저 만큼새벽안
나 새 소 리바-람-소 --리물흐르
개 헤 쳐 왔 네 네 -물흐르
듯 나 부 끼 듯 나 부 끼 네

가려나

김안서 작시
나운영 작곡

Andante ♩= 56
mp
mp
끝 없 는 구 름 길 ─ 어
가 없 는 바 다 의 ─ 외
디 를 향 ─ 하 ─ 고 그 대 는
로 운 배 ─ 처 ─ 럼 어 디 로

가 려 나
뜨 려 나
가 려 나
뜨 려 나
사 랑 의 스 물 은 덧 없 이 흐 르
고
앞 길 은 멀 어 라
멀 어 라
기 쁨 은 빠 르 고

설 움 은 끝 — 없 — 어
맘 만 이 아 — 파 — 라 아 파
라 아 파 라
아 파 라
molto rit.
molto rit.
ad lib.
accel.
accel.
molto rit.
mf
ff
mp
ff
mp
p
p
mf
pp
pp

고향 생각

현제명 작시
현제명 작곡
Andantino
1.해 는 져 - 서
2.고 향 하 - 늘
어두운데 찾 아 오 는 사람없어 밝 은 달 - 만 쳐다보니
쳐다보니 별 떨기 만 반짝거려 마 음없 - 는 별을보고
외롭기한이없 다 - 내 동 무 어디두고 이 홀 로앉 아
말전해무엇하 랴 - 저 달 도 서쪽산을 다 넘 어가 것
서 - 이 일저일을 생각하니 눈물만흐 - 른 다 -
만 - 단 잠못이뤄 애를쓰니 이밤을어 - 이 해 -

그 네

김말봉 작시
금수현 작곡

그대 있음에

김남조 작시
김순애 작곡
Moderato
f espressivo
rit.
p
1.그 대 의 근 심 - 있 는 곳 에 나 를 불
2.그 대 의 사 랑 - 문 을 열 때 내 가 있
p a tempo
pp
러 - 손 잡 게 하 라 - 큰 기 쁨 과 - 조 용 한
어 - 그 빛 에 살 게 해 사 는 것 과 - 외 롭 고
p
f
p
갈 망 이 그 대 그 대 있 음 에 그 대 있 음 에
고 단 한 그 대 그 대 있 음 에 그 대 있 음 에
cresc.
f
p
pp

내 맘에 자 라 거 - 늘
사 람에 뜻 을 배 우 니
오 - 그리움이여 - 그리움
오 - 그리움이여 - 그리움
이 - 여 그리움이여 그대있음에 - 내가있네 나를불
이 - 여 그리움이여 그대있음에 - 내가있네 나를불
러 - 손 잡-게 - 해
러 - 그 빛에살게 해

그리운 금강산

한상억 작시
최영섭 작곡
Moderato Cantabile (그리움에 사무쳐서)
mf
ff
mp
rit.
f
1.누 구
2.비 로
의 주 제 런 가 맑 고 고 운
봉 그 봉 우 리 예 대 로 인

poco rit.
f
mp
산 그 리--운 만 이-천-봉 말 은없--어--
가 흰 구---름 솔 바-람-도 무 심히--가--
a tempo
mf
도 이-제야 -자유만민 옷 깃 -여미-
나 발-아래 -산해만리 보 이 -지마-
f
ff
mp
rit.
며 그 이름 다시부-를 -우리-금 -강 -
라 우 리다 맺힌슬-픔 -풀릴-때 -까 -

산지
산
수 수 만 년 - - 아 름 다 운 산
- 못 가 본 지 몇몇 - 해 오 늘 에 야 찾 을 날 왔 -
나 - 금 강 산 은 부 른 -
1.
다
2.
다

그리움

이은상 작시
홍난파 작곡
애원의 정으로
p
sempre stacc.
1.뉘 - 라 서 저바다 를 밑이 없 다 하시 는
2.하늘 이 땅 에이었 다 끝있 는 양 말지 마
3.깊 - 고 먼 그리움 을 노래 위 에 얹노 라
고 백 천 길 바다라 도 닿이 는 곳 - 있으리
소 가 보 면 멀고멀 고 어 디 끝 이 - 있으리
니 정 회 는 끝이없 고 곡 - 조 는 - 짜르이
만 임 오 임 다 곡
f
rit.
p
그 린이마음이 야 그릴수록 깊 - - - 으 이 다
그 린저하늘 - 해 그릴수록 머 - - - 오 이 다
조 는짜를지라 도 남아올림 들 - - - 으 소 서
a tempo
rit.
a tempo

그집앞

이은상 작시
현제명 작곡
Andante
1.오 가며 그 집앞을 지나노라면
2.오 늘도 비내리는 가을저녁을
그 리워 나도몰래 발이머물고
외 로이 이집앞을 지나는마음
오 히려 눈 에띨까
잊 으려 옛 날일을
다 시걸 어 도 되 오면 그 - 자리에 서 졌습니 다
잊 어버리 려 불 빛에 빗 - 줄기를 세 며갑니 다

금강에 살으리랏다

이은상 작시
홍난파 작곡

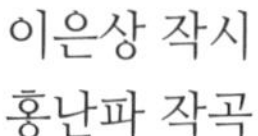

기다리는 마음

김민부 작시
장일남 작곡

기 다 려 도 기 - - 다 려 도 임 오 지않
기 다 려 도 기 - - 다 려 도 임 오 지않

고 - 물 레 소 리 빨 래 - 소 리 에
고 - 파 도 소 리 물 새 - 소 리 에

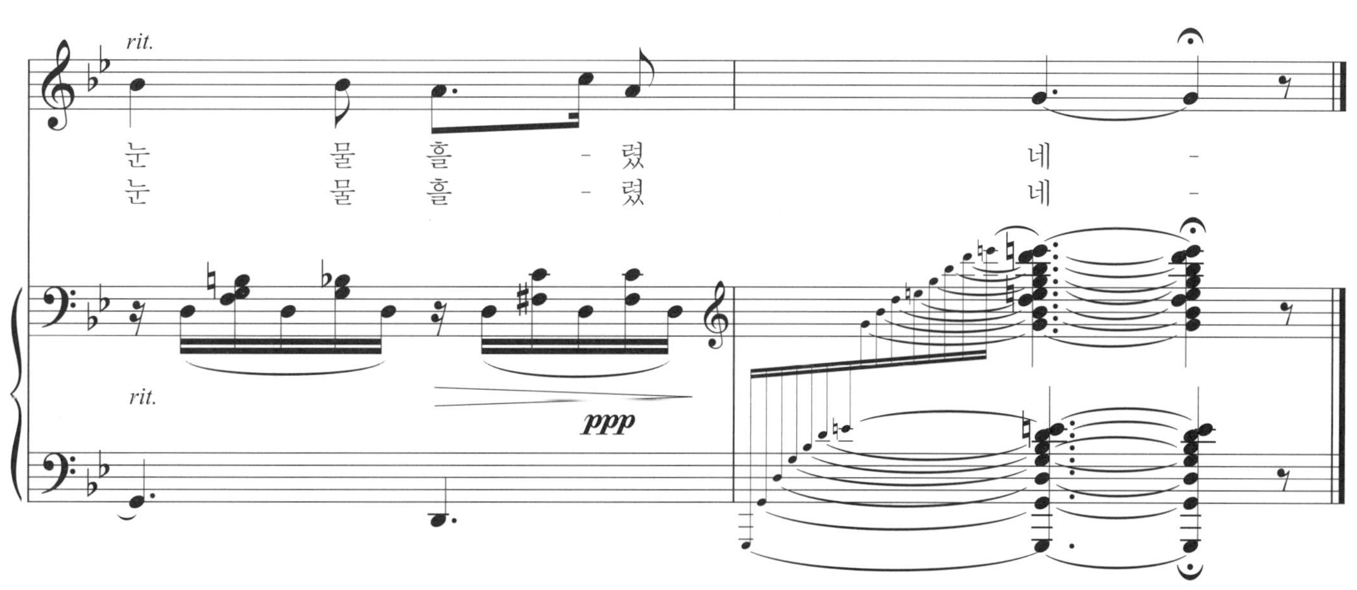

눈 물 흘 - 렸 네 -
눈 물 흘 - 렸 네 -

기다림

김지향 작시
이호섭 작곡
서정적으로
1.기 - 약
2.보 - 내
하 고떠-난뒤 아 -니올 동안 - 그-꽃밭 에 잡초만
고 한세-상을 방 -황할 동안 - 그-창문 엔 달빛조
이 우 거 -져-있네 그-후론 날-마 다 아-니
차 오지 -를-않네 그-후론 밤-마 다 아-니
poco cresc.
피 는꽃-이여 행 여 나오-늘은 맺 어 지-려 나
여 는창-이여 행 여 나오-늘은 열 려 지-려 나
piu accel.
a tempo

기억의 향기

핑거소울 작시
핑거소울 작곡

Tempo Rubato ♩ = 80~100

람 이   눈빛으로기억되 는   건 -   하 지
람 이   그림자로기억되 는   건 -   주 지
못 한말-이   남아있기때문이   다 -   가
못 한것-이   남아있기때문이   다 -   가
을이되어바람이불면   마 치그대의목소리 같아   그냥
을이되어바람이불면   마 치그대의목소리 같아   그냥
한 번 하 늘 을   보 네   -   세
한 번 하 늘 을   보 네   -   세

월이란파도에휩쓸려   먼 지처럼사라져갔지만   아직
월이란파도에휩쓸려   먼 지처럼사라져갔지만   아직
도 내 눈 속 엔   있 네
도 내 눈 속 엔   있
사   네   하늘이내게허락해줘
서   잠시그대를볼수있다면   하지못한말해주고싶

소   그 대 를   한 번 도 잊 고 산 적 없 다
고   그 대 가 있 어 서 행 복 했 다 고   말
하 겠 소   음 - 소   사
람 이   향 기 로 기 억 되 는 건 - 그 리
음 음 음 음 - 음

움 이 남 아 있 기 때 문 이 다
음 음 음 음
1.
- 사 람 이 눈 빛 으 로 기 억 되 는 건
1.
- 하 지 못 한 말 - 이 남 아 있 기 때 문
이 다 - 음 - 음
2.
음

꽃구름 속에

박두진 작시
이흥렬 작곡

꽃 구 름 환 - 한 속 에
꽃 가 루 흩 뿌 리 어 마 을 마 다
진 한 꽃 향 기 풍 - 기 어 라

Andante
추위 와 주림에시달리 어 — 한겨우
내 — 움치고떨 며 살—아온 — 사람
들 — 서 러운애기 서러운 애기
아 아 까맣게잊 고
molto cresc.

Allegretto
꽃 향 에
꽃 향 에
취 하 여
아 득 하 니 꽃 구 름 속 에 쓰 러 지 게 하 여-
Larghetto
라 나 비 처 럼 쓰 러 지 게
Allegro
하 - 여 라

남 촌

김동환 작시
김규환 작곡

poco piu mosso
cresc.
꽃 이 피 는 - 사 월 이 면 - 진 달 래 향 - 기 - 밀 익 -
금 잔 - 디 - 넓 은 들 엔 - 호 랑 나 비 - 떼 - 버 들 가
poco piu mosso
cresc.
a tempo
ff
molto rit.
p
는 - 오 월 이 면 보 리 내 - - 음 새 어 -
지 - 실 개 천 엔 종 달 새 - - 노 래
a tempo
ff
molto rit.
p
a tempo
느 것 한 가 진 - 들 실 어 - 안 오 리 - 남 촌 -
a tempo
mf
p
rall.
서 - 남 풍 불 때 나 는 좋 - - 대 나
p
rall.

내 마음

김동명 작시
김동진 작곡
Tempo di Valse
p
mp
rit.
a tempo
내 마
음 은호-수요 그대노 저어--오 나 는
그 대의흰그림 자를안고 옥같이 그대의뱃전에부서지리 다 내 마
rit.
a tempo

음 은 촛불이요 그 대저 문을닫아주 오 나 는
그 대의 비 - 단 옷자락에떨 며 - 고 - 요히최후의한방울
도 남 김 없 이 타 오 리 다 내 마음 은 나그네
요 그 대 피 리를불어주 오 나 는 달 아래귀 - 를
poco rit.

기울이며 호젓이 나의밤을 새오 -리---다
poco

a poco agitato
cresc.

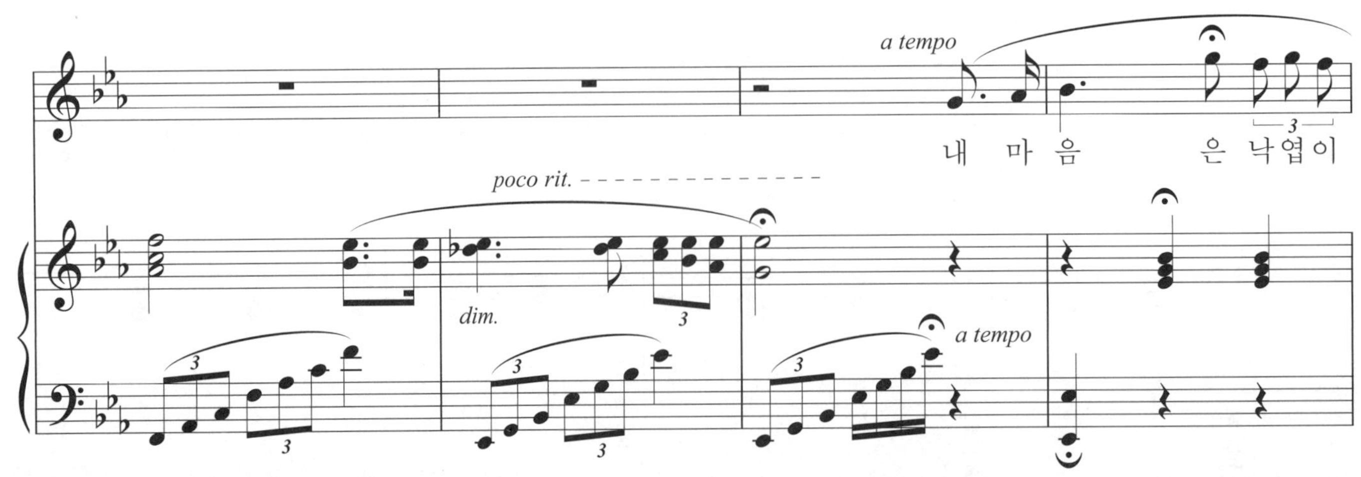
a tempo
poco rit. - - - - - - - - -
dim.
a tempo
내 마음 은 낙엽이

열정적으로
rit.
a tempo
ff
요 잠깐그 대의뜰에 머무르게하 오 이제
rit.
ff
a tempo
accel.
바 람이불면 - 나 는또 나그네같 이 - 외로
accel.
이 그대를 떠-나 -가리다
p
rit.
39

내 사랑아

김성욱 작시
신귀복 작곡

을 만 년 을 비 바 람 에 깎 이 어 도 변 함
의 소 리 를 고 요 하 게 이 내 홀 로 어 이

없 어 라 그 먼 길 헤 어 나
새 기 리 구 름 길 헤 어 나

rit. a tempo
갈 사 랑 아 내 사 랑 아 온 갖
갈 사 랑 아 내 사 랑 아 온 갖
rit.
8va

잡 념-훌훌털고 소 라 들 의 -꿈처-
잡 념-훌훌털고 소 라 들 의 -꿈처-
럼 한 가 로 운물 -새들--과 이 야
럼
기 나 누면-서 밀 려 오 는 - 파 도 위
에 꿈을펴지 -않으-려--오

눈

김효근 작시
김효근 작곡

Andante espressivo
mp
legato
sfp
mp
mp
rit.
legato
mp
조그만 산길 - 에 흰
눈 이곱게쌓이면 내 작 - 은 발 -
자 국을영 원 히남기고싶소 내
8va
mf

작은마-음-이 하양게물들때까
지 새하-얀 산-길-을 헤
매 이고싶-소 외로운 겨울새
소 리멀리서 들려오면 -내-
mf
mp
mp
accel.
accel.

poco a poco cresc.
a tempo
공 상에파묻이 일어갈 길 을잊어버리
mf
poco a poco cresc.
a tempo
mp
오 가 슴 에새겨보리라 순
mp
결 한임의목소리 바 람 결에실려오 는가 흰
눈 되어 온다오
accel.
mf

저 멀
리 숲 사 이 로 내 마 음 달 려 가
나 아 겨 울 새 보 이 지 않 고 흰 여
운 만 남 아 있 다 오

Tempo I
mp
눈 감 고 들어보리라 끝
없 는임의노래여 나 어 느새 흰 -
눈 되어 산 길 - 걸어간다
오
poco a poco rit.
a tempo
sfp
pp

눈 내리는 밤

박인국 작시
이흥렬 작곡

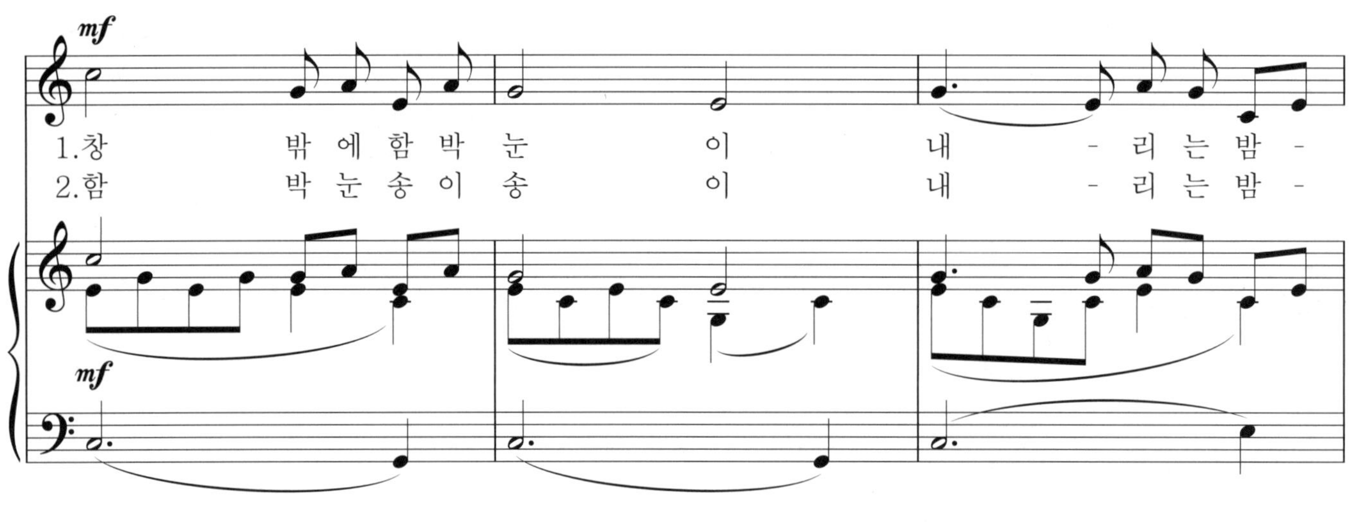

다
다
이 웃 이 도 란 도 란 모 여 앉 아 서
꿈 고 인 눈 동 자 로 쳐 다 보 면 서

옛 이 야 기 즐 겁 게 꽃 피 는 마 을
새 살 림 을 즐 겁 게 속 삭 이 던 밤
밤 깊 은 줄 모 르
눈 알 은 꽃 무 늬

던
져
고 향 생 각 그 립 다
그 대 생 각 그 립 다

님이 오시는지

박문호 작시
김규환 작곡

대 발자췰까 흐르는물소리 임-
고 오는소리 꽃향기헤치고 임-
의 노래인가 내 맘은외로워 한
이 오시는가 내 맘은떨리어 끝
없이떠돌고 - 새벽이오려는-지 바
없이헤매고 - 새-벽이오려는-지 바
람만차오네 2.백 네 바람이이 네
람이이-

대관령

신봉승 작시
박경규 작곡

ff
령   아   -흔아-홉   대   --관-
령   아   -흔아-홉   대   --관-
rit. 5
령   구   -비구비는   -----내-
령   구   -비구비는   -----내-
mp a tempo
인   -생 초-록물   드-리   면 서
인   -생 보-슬비   맞-으   면 서
나그네가 되라 네
나그네가 되라
D.S. al Coda
네
p
D.S. al Coda

도래춤

김안서 작시
박태준 작곡

모 두 손 을 쥔 -달 시 면 넓 은 바 다
뱃 사 람 이 된 -달 시 면 바 다 에 다

빙 -빙 돌 며 도 래 춤 도 출 -거 외 다
아 -름 다 운 배 다 리 도 놀 -거 외 다

도 래 춤 도 출 -거 외 다 빙 빙 빙 빙 바 다 돌 며
배 다 리 도 놀 -거 외 다 느 릿 느 릿 바 다 위 에

동무 생각

이은상 작시
박태준 작곡

너 를 위 해 노 래 노 래 부 른 다
너 를 위 해 노 래 노 래 부 른 다
너 를 위 해 노 래 노 래 부 른 다
너 를 위 해 노 래 노 래 부 른 다

청 라 언 덕 과 같 은 내 맘 에 백 합 같 은 - 내 동 무 야 -
저 녁 조 수 와 같 은 내 맘 에 흰 새 같 은 - 내 동 무 야 -
꽃 진 연 당 과 같 은 내 맘 에 금 새 같 은 - 내 동 무 야 -
밤 의 장 안 과 같 은 내 맘 에 가 등 같 은 - 내 동 무 야 -

네 가 내 게 서 피 어 날 적 에 모 든 슬 픔 이 사 라 진 다 -
네 가 내 게 서 떠 돌 때 에 는 모 든 슬 픔 이 사 라 진 다 -
네 가 내 게 서 뛰 놀 때 에 는 모 든 슬 픔 이 사 라 진 다 -
네 가 내 게 서 빛 날 때 에 는 모 든 슬 픔 이 사 라 진 다 -

동심초

설 도 작시
김안서 역사
김성태 작곡

애타는 정을 가지고
1.꽃 잎은 하염없이 바람에 지 고
2.바 람에 꽃이지니 세월 덧없 어
만 날날은 아 득 타 기
만 날길은 뜬 구 름 기

약 이없 - 네 - 무 - 어라 맘과맘은
약 이없 - 네 - 무 - 어라 맘과맘은
맺 - 지 - 못 - 하-고 한 갖되 이풀 잎만
맺 - 지 - 못 - 하-고 한 갖되 이풀 잎만
맺 으려 - 는 고 - 한 갖되 이
맺 으려 - 는 고 - 한 갖되 이
풀 잎만 맺 - 으려 - - 는 - 고 -
풀 잎만 맺 - 으려 - - 는 - 고 -

떠나가는 배

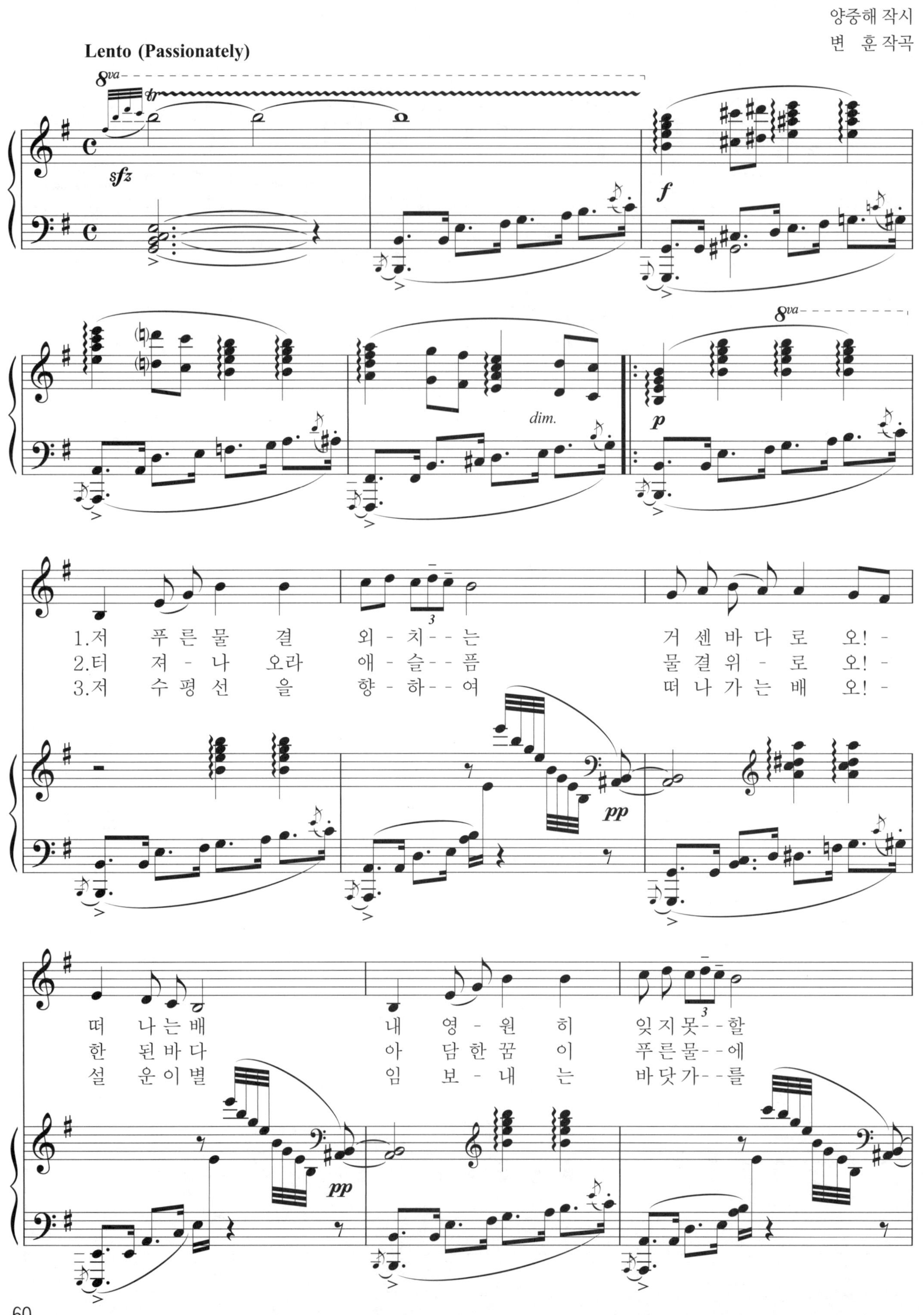
양중해 작시
변 훈 작곡
Lento (Passionately)
sfz
f
dim.
p
8va
tr
pp
1.저 푸른 물 결 외 치 는 거 센 바 다 로 오!
2.터 져 나 오라 애 슬 픔 물 결 위 로 오!
3.저 수 평 선 을 향 하 여 떠 나 가 는 배 오!
떠 나 는 배 내 영 원 히 잊 지 못 할
한 된 바 다 아 담 한 꿈 이 푸 른 물 에
설 운 이 별 임 보 내 는 바 닷 가 를
pp

임 실은저 배는 야 속하리 날 바닷가 에
애 끊이사 라져 나 홀－로 외 로운등 대에
넋 없이거 닐면 미 친듯이 울 부－짓는

홀 남겨두고 기 어이가 고야마 느－－냐
와 더－불어 수 심뜬바 다를지 키－련다
고 동－소리 임 이여가 고야마 느－－냐

또 한송이의 나의 모란

김용호 작시
조두남 작곡

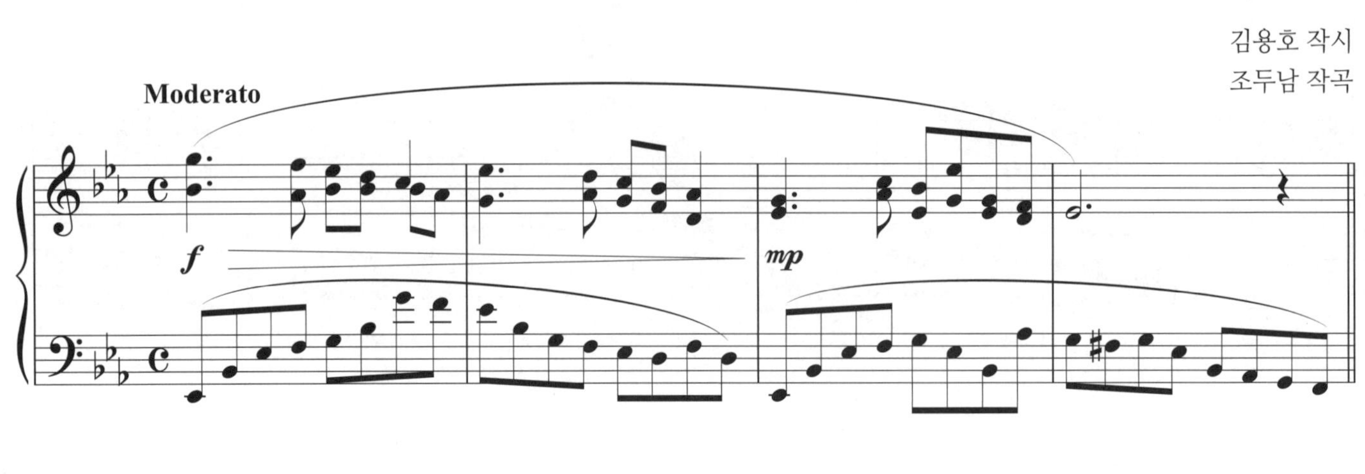

추 - 억 은 아름다 - 워 밉 - 도 록 아름 다 워
기 - 다 려 마음졸 - 여 애 - 타 게 마음 졸 여

해마 - 다 해마 - 다 유 월을안고피는 꽃
이밤 - 도 이밤 - 도 달 빛을안고피는 꽃

또 한송이의 또 한송이의 나 - 의 - 모 - 란
또 한송이의 또 한송이의 나 - 의 - 모 - 란

명 태

양명문 작시
변 훈 작곡

Andante (Scherzoso)

Più mosso(gajament)
노 상 꼬리 치 고 춤 추며- 밀 려다니다 가 - -
어 떤 어 진 어 부-의 그 물에걸 리 어 살 기-좋 다는
원 산 구경이나 한 - - -후 에 지 프 트의 왕 처럼
a poco più lento
미 이 라 가 됐 을 때 어 떤 외롭고 가 난 한 시 - -인-

이 밤 늦게 시를 쓰다 가
Parlato
쇠 주 를 마 실 때
appassionato
그 의안 주 가
되 어 도 좋 다 그 의시 가
되 어 도 좋 다 짝 짝 찢 어 지 어
pp
sf

내 몸은 없 어질 지라도
내 이 름만 남 아 있 으리라
명 태 헛 명 태 라 고
헛 이 세 상에 남 아 있 으리라
a tempo
sf
sf

마 중

허 림 작시
윤학준 작곡

꿈 - 가만 가만 들어주고 내 사 랑 들려주
며 그 립 다 는것은 오 - 래 전 잃어
버린 향기가 아닐 까 사 - 는 게 - 무언 -
지 하무뭇 하 니 그리워 지는날 에는 그 - 대

여 내가먼저달려가 꽃으로 서있을
게
그 - 립 게 꽃으
로 서 있을게

목련화

조영식 작시
김동진 작곡

Andantino (♩=80) cantabile
p
mp
mp
오 - 내 사 랑 목련화 - 야 그 대 내
오 - 내 사 랑 목련화 - 야 그 대 내

사 랑목련화 - 야 희 - 고순 결한그대모 -
사 랑목련화 - 야 내일을바 - 라보 - 면 -
습 봄에 - 온 가인과같고 추운 -
서 하늘보고 웃음짓 - 고 함께피
겨 울헤치고온 봄길 - 잡 이목련화 -
고 - 함께지 니 인 - 생의 - 귀감이로
는 새시대의 선구자 - 요 배달 -
다 그대맑고 향긋한향기 온누 -
mf
f
mp

의 얼 - 이로다 오 - 내사 랑목련화 -
리 적 - 시 - 네 오 - 내사 랑목련화 -
야 그 대내사 랑목련화 - 야 오 - 내
야 그 대내사 랑목련화 - 야 오 - 내
사 랑목련화 - 야 그대내사 랑목련화 -
사 랑목련화 - 야 그대내사 랑목련화 -
야 그 대처럼 - 순결하고 그대처
야 그 대처럼 - 우아하고 그대처

cresc.
럼 - 강인하게 오늘도 내 일도 영 원
럼 - 향기롭게 오늘도 내 일도 영 원
cresc.
살 - 아 가
f
히 나아름답 게 살아가리 오 내 사
히 나값 - 있 게 살아가리 오 내 사
f
p
p
랑 목련화 - 야 그대내사 랑목련화 -
랑 목련화 - 야 그대내사 랑목련화 -

야   오늘 - 도   내일도 영원히   나 아름
야   오늘 -
댐   게 살 아 가 리 라   -   도   내일도 영원
히   나 - -   값 있게 살 아 가 리 라   -
Allargando

별

이병기 작시
이수인 작곡

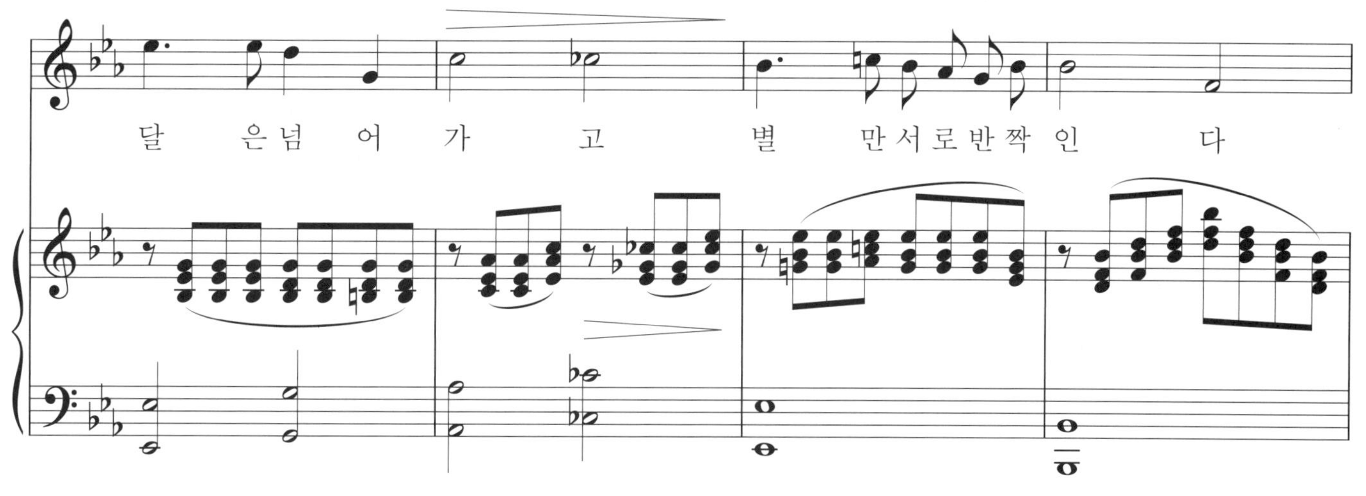

달 은 넘 어 가 고 별 만 서 로 반 짝 인 다

저 별 은 뉘 별 이 며 내 별 또 어 느 게 요

잠 자 코 홀 - 로 서 서 별 을 헤 어 보 노 - 라

보리밭

박화목 작시
윤용하 작곡

다 - 옛 생-각이 외 로 - -
워 휘 파 람 불 - - 면
고 운노래 귓 가 -
에 들 려 - 온 - - - 다

돌 아 - 보면 아 무 - -
도 뵈 - 지 않 - - 고
저 녁 - 놀 빈 하 늘
만 눈 에 차 - - 누 나

봄이 오면

김동환 작시
김동진 작곡

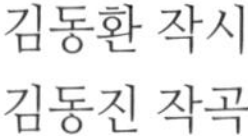

Andante
p
1.봄 이 오 면 산 에 들 에 진 달 래 피 네
2.봄 이 오 면 하 늘 위 에 종 달 새 우 네
3.나 - 는 야 봄 이 되 면 그 대 그 리 워
진 - 달 래 피 는 곳 에 내 - 마 음 도 피 어 건 너 마 을 젊 - - 은 처 자
종 - 달 새 우 는 곳 에 내 - 마 음 도 울 어 나 물 캐 는 아 - - 가 씨 야
종 - 달 새 되 - 어 서 말 - 붙 인 다 오 - 나 - 는 야 봄 - - 이 되 면
꽃 따 러 오 거 든 꽃 만 말 고 이 - 마 음 도 함 께 따 가 - - 주
저 소 리 듣 거 든 새 만 말 고 이 - 소 리 도 함 께 들 어 - - 주
그 - 대 그 리 워 진 - 달 래 꽃 - 이 되 어 웃 어 본 다 - - 오
p

봄처녀

이은상 작시
홍난파 작곡
Tempo di valse
1.봄 처 녀 제 -오시네 -새 풀 옷
2.임 찾 아 가 -는길에 -내 집 앞
을 입으셨 네 -하 얀 구 름 너울쓰 고
을 지나시 나 -이 상 도 하 -오시 라
-진 주 이 슬 신으셨 네 -꽃 다 발
-행 여 내 게 오심인 가 -미 안 코
가 슴에안 고 -뉘 를 찾 아 오시는 고 -
어 리석은 양 -나 가 물 어 -볼까 나 -

봉숭아

김형준 작시
홍난파 작곡

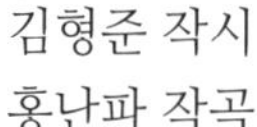

비 목
한명희 작시
장일남 작곡
Andante lamentoso
pp
p
R.H.
L.H.
rit.
a tempo
1.초 연 이 쓸 고 간
2.궁 노 루 산 울 림
깊 - 은 계 곡 깊 은 계 곡 양 지 녘 에
달 - 빛 타 고 달 빛 타 고 흐 르 는 밤

비바람긴세월로 이 름모를 이름 모 를비-목이여
홀로선적막감에울 어지친 울어지 친비-목이여

먼--고 향초-동친구 두고온 - 하늘가 그리
그--옛 날천-진스런 추억은 - 애달퍼 서러

워 마디마디 이끼되 어맺-혔-네
움 - 알알이 돌이되 어쌓-였-네

사공의 노래

함효영 작시
홍난파 작곡
Andantino con moto
1.두 둥 실 두리둥 실 배 떠 나 간--다 물
2.순 풍 에 돛달고서 어 서 떠나--자 서
맑 은 봄바다 에 배 떠 나 간 다 이
산 에 해지면은 달 떠 온 단 다 두
배 -는 달맞으 러 강 능 가 는 배 어
둥 -실두리둥 실 배 떠 나 가 네 물
기 야디-어-라 차 노 를 -저어 라
맑 은 봄-바-다 에 배 떠 -나 간 다

사 랑

이은상 작시
홍난파 작곡
Andantino
1.탈 대로 - 다 타 - 시 오 - 타 다 말 - 진 부 디 마
2.반 타 고 - 꺼 - 질 진 대 - 아 예 타 - 지 말 으 시
소 - 타 고 - 다 시 타 서 - 재 될 법 - 은 - 하 거 니
오 - 차 라 리 - 아 니 타 고 - 생 나 무 - 로 - 있 으 시
와 -
오 -
타 다
탈 진
가 - 남 은 동 - 강 은 - 쓸 - 곳 - 이 없 소 이 다 -
댄 - 재 그 것 - 조 차 - 마 저 탐 - 이 옳 소 이 다

산들바람

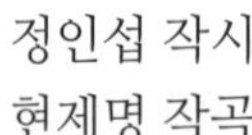

정인섭 작시
현제명 작곡
Andante
p
mf
1.산 - 들바 람 이 산 - 들분 -
2.산 - 들바 람 이 산 - 들분 -
다
다
달밝은가을밤에 달밝은가을밤에
달밝은가을밤에 달밝은가을밤에
mf
pp
산 들 바 람 분 - - 다 아 - - - 너 - 도가 면
산 들 바 람 분 - - 다 아 - - - - 꽃 - 이지 면
p
mf
이 - 마음 어 이 해 해
이 - 마음 어 이
1.
2.
pp
ppp

성불사의 밤

이은상 작시
홍난파 작곡

Moderato

1.성 불 사 깊 - 은
2.댕 그 렁 울 - 릴

밤 에 그 윽 한 - 풍 경 소 리 주 승 은 잠 - 이
제 면 또 울 릴 까 맘 졸 이 고 끊 일 젠 또 - 들

들 고 객 이 홀 로 든 는 구 나 저 손 아 마 - 저 -
리 라 소 리 나 기 기 다 려 져 새 도 록 풍 경 소 리

잠 들 어 혼 자 울 게 하 여 라
더 리 고 잠 못 이 뤄 하 노 라

선구자

윤해영 작시
조두남 작곡
힘차게 또한 열정적으로
mp

1.일 - 송 정
2.용 - 두 레
3.용 - 주 사

푸 른 솔 은   늙 - 어 늙   어 갔 - 어 도
우 물 가 에   밤 - 새 소   리 들 - 릴 때
저 녁 종 이   비 - 암 산   에 울 - 릴 때

한 - 줄 기   해 란 강 은   천 - 년 두 고
뜻 - 깊은   용 문 교 에음   달 - 빛 고 이
사 - 나 이   굳 은 마 음   길 - 이 새 겨

f rit.   mp a tempo

흐 른 다   지 난 날   강 가 에 서 서
비 친 다   이 역 하 늘   바 라 보 며
두 었 네   조 국 을   찾 겠 노 라

말 달 리 던 선 구 자   지 금 은 어 느 곳
활 을 쏘 던 선 구 자
맹 세 하 던 선 구 자

에 거 친 꿈 이 깊 었 나

수선화

김동명 작시
김동진 작곡

마 음 또 한 그 리 고 그 리 다
가 죽 는 죽 었 다 가 다 시 살 아
또 다 시 죽 는 가 여 운 넋 은 가 여 운
넋 은 아 닐 까 부 칠 곳 없 는 정 열
mf rit. a tempo
rit. mf a tempo

을 - 가슴에 깊 이 감추이 고 찬 바람 에 쓸쓸히 웃
는 적막 - 한 얼굴이여
그 대 는 신 의 창작

집 - 속에서 가 장 아름답게 빛 나-는 -
불멸-의 소 -곡- 또-한나-의작-은 애인이니 아
아 - 내 사 랑 수선화 야 나 도 -
그 대를따라 - 저눈-길을- 걸 으 리

시간에 기대어

최 진 작시
최 진 작곡

람이 닿는 여기 어-딘 가   우 리 는 남아 있 을 까   연습
움이 닿는 여기 어-딘 가   우 리 는 살아 있 을 까   후회
이 없는- 세월의 무게 만큼 더   너 와 난- 외로운- 사 람   설
투 성인- 살아온 세월 만큼 더
람   난 기억 하 오 -난 추억 하 오 -소 원 해 져 버린- 우리의
관 계도- 사 랑 하 오   변해 버 린 그대 모 습

그 리 워 하고- 또 잊 어 야 하 는- 그 시 간 에 기댄- 우
리
사 랑 하 오 세 상 이 하 얗 -게 져 도
덤 으 로 사 는- 반 복 된 하 루 -가 난 기 억

하 오 - 난 추억 하 오 소원해 져 버린 - 우리 의
관 계도 - - 사랑하 오 - 변해버린 그대모 습
그 리 워 하고 - 또 잊 어 야 하는 - - 그 시 간 에 기 댄 우
리
그 시 간 에 기 댄 우 리

어머니의 마음

양주동 작시
이흥렬 작곡

poco rit.
손 - 발 이 다 - 닳도 록 고 - - 생하시 - 네
고 우시던 이 - 마위 에 주 - - 름이가 - 득
살 과뼈를 깎 - - 아 서 바 - - 치는마 - 음

f a tempo
하 늘아 래 그무엇이 넓 다하리 오
땅 - 위에 그무엇이 높 다하리 오
인 - 간 의 그무엇이 거 룩하리 오

mp
어 머 님 의 희 - - 생 은 가 이없 어 라
어 머 님 의의 정 - - 성 은 지 극하여 라
어 머 님 의 사 - - 랑 은 그 지없 어 라

옛 동산에 올라

Andantino
1.내 놀 던 옛 동 산 에 오
2.지 팡 이 도 로 짚 고 산
늘 와 다 시 서 니 산 천 의 구
기 슭 들 아 서 니 어 느 해 풍 우
란 말 옛 시 인 의 허 사 로 고
엔 지 사 태 져 무 너 지 고

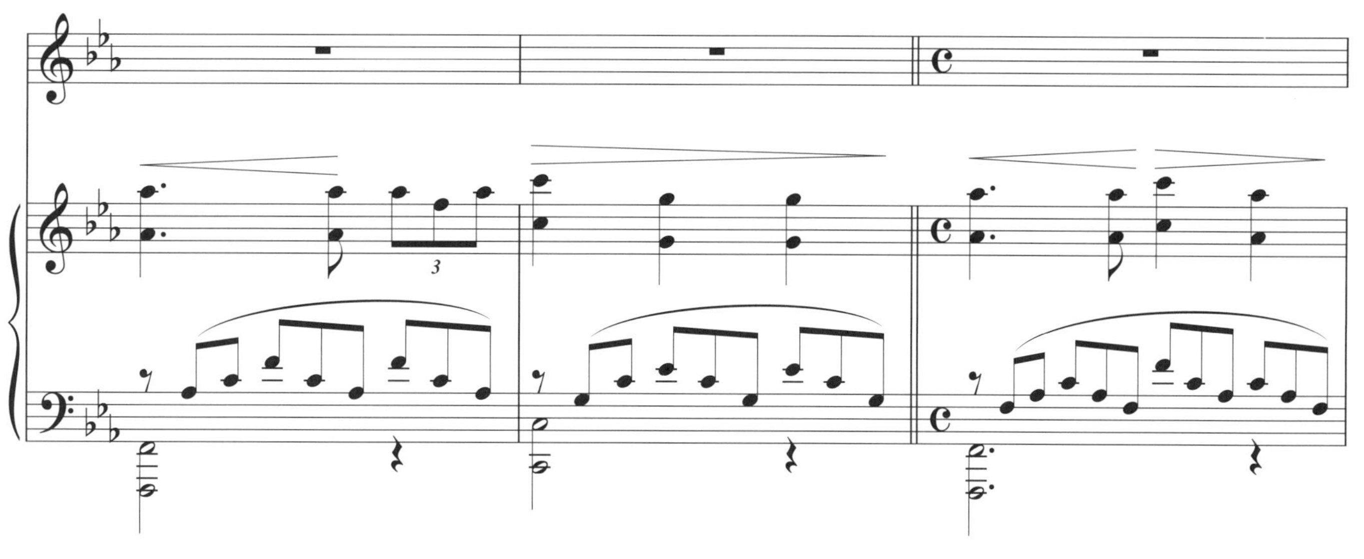

예 섰 던 그 큰 소 - 나 - 무 베 -
그 흙 에 새 솔 이 - 나 - 서 키 를

어 지 고 없 구 료
재 려 하 는 구 료

얼굴

심봉석 작시
신귀복 작곡
뜻을 생각하며 둥글고 느리게
mf

1.동 그 라 미 그 리 려 다 무
2.동 그 라 미 그 리 려 다 무

심 코 그-린 얼 굴 - 내 마 음 따 라 피
심 코 그-린 얼 굴 - 무 지 개 따 라 올

어 나 던 하 아 얀 그-때 꿈 을 - 풀
라 갔 던 오 색 빛 하-늘 나 래 - 구

잎 에 연 이 - 슬 - - 처 럼 빛 나 던 눈 동
름 속 에 나 - 비 - - 처 럼 날 으 던 지 난

자 - 동 그 랑 게 - 동
날 - 동 그 랑 게 - 동

그 랑 게 - 맴 돌 다 가 는 얼 굴 -
그 랑 게 - 맴 돌 곤 하 는 얼 굴 -

연
김동현 작시
이원주 작곡
♩ = ca. 80 Free Tempo
시 리
게 푸 르 른 그 대 고 운 날 개 내 맘 가 까
이 날 아 오 지 않 네 이 슬 된 서 러 움 에 실 어
나 를 데 려 가 주 오 닿 을 듯 한 그 대 의 품 으 로

여 리 게 남 은 듯 그 대 고 운 향 기 내
맘 가 까 이 돌 아 오 지 않 네 그 대 의 내 가
멀 지 않 아 나 를 사 랑 해 주 오 기 억 속 에 나 라
면 아 영 원 한 그

리 움 나 차 가운 눈 물 에 지워도
기 다 리네 기나긴
내 사 랑 미련을 버리
고 편 히 잠 들 라

그무엇도 남지않 을듯꼭 나를기억해주오
숨결까지
눈물
까지
내모든것
그대에게로

우리들의 푸른 마음

이오장 작시
박이제 작곡

르 는 태-양은 우리의 꿈을 밝-히네 시-련
오 는 태양같은 우리의 꿈을 펼-쳐-라 시-련
속에서도 솟-아 나 는 젊-음 의 희 망-이
속에서도 다-시 한 번 도전하 는 젊 은-이
여 우-리들 의 푸-른 마 음 가-슴깊 이 살--
여 아름다 워 라 뜨거운 마 음 우-리들 의 푸--
아 있 - 네 른 마 - 음

이별의 노래

박목월 작시
김성태 작곡

Moderato (애끓는 정을 가지고)

f
p
3

p

mf
p

1.기   러   기 울 어 예 -
낯   이 끝 - 나 -
촌   에 눈 이 쌓 -

는   하 늘   구 만 - 리   바
면   밤 이 오 듯 - 이   우
인   어 느 날 밤 - 에   촛

람   이싸늘불 - 어   가을은   깊   었
리   의사 - 랑 - 도   저 - -   물   었
불   을밝혀두 - 고   홀 - 로   울   리

네
네   아 -   아 -   너 도
라

가 - 고   나도   가 야   지   2.한   지
                                   3.산
1, 2.
3.

자장가

김영일 작시
김대현 작곡
1.우 리 아기 착한 아 - 기 소 록소록 잠들라
2.우 리 아기 금동 아 - 기 고 요고요 잠잔다
하 늘 나라 아기 별 - 도 엄 마품에 잠든다
바 둑이도 짖지 마 - 라 곱 실아기 잠깰라
둥 둥아기 잠자 거 - 라 예 쁜아기 자 - 장
오 색꿈을 담뿍 안 - 고 아 침까지 자 - 장
장

장안사

이은상 작시
홍난파 작곡

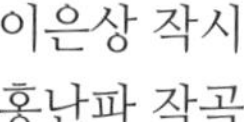

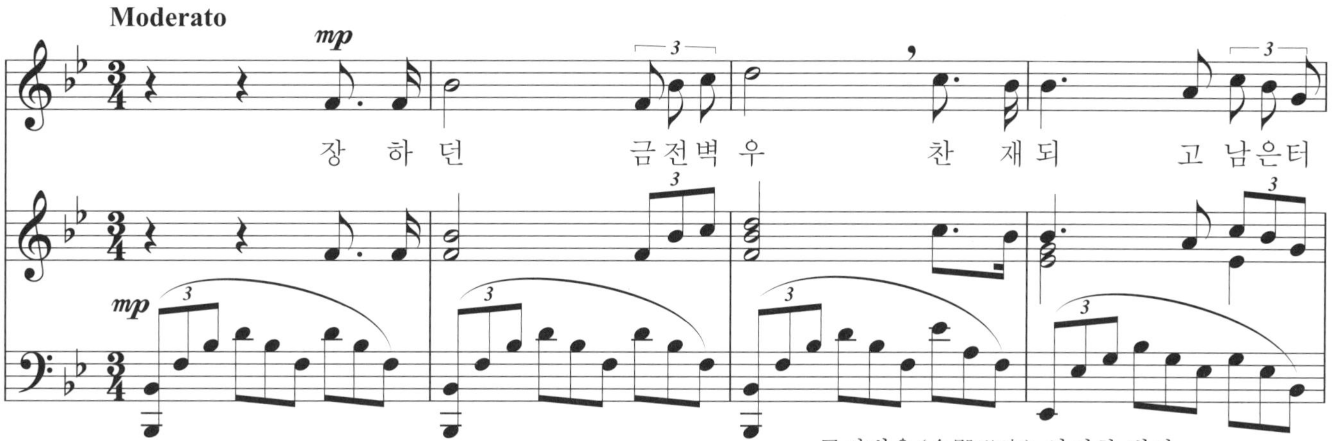

Moderato

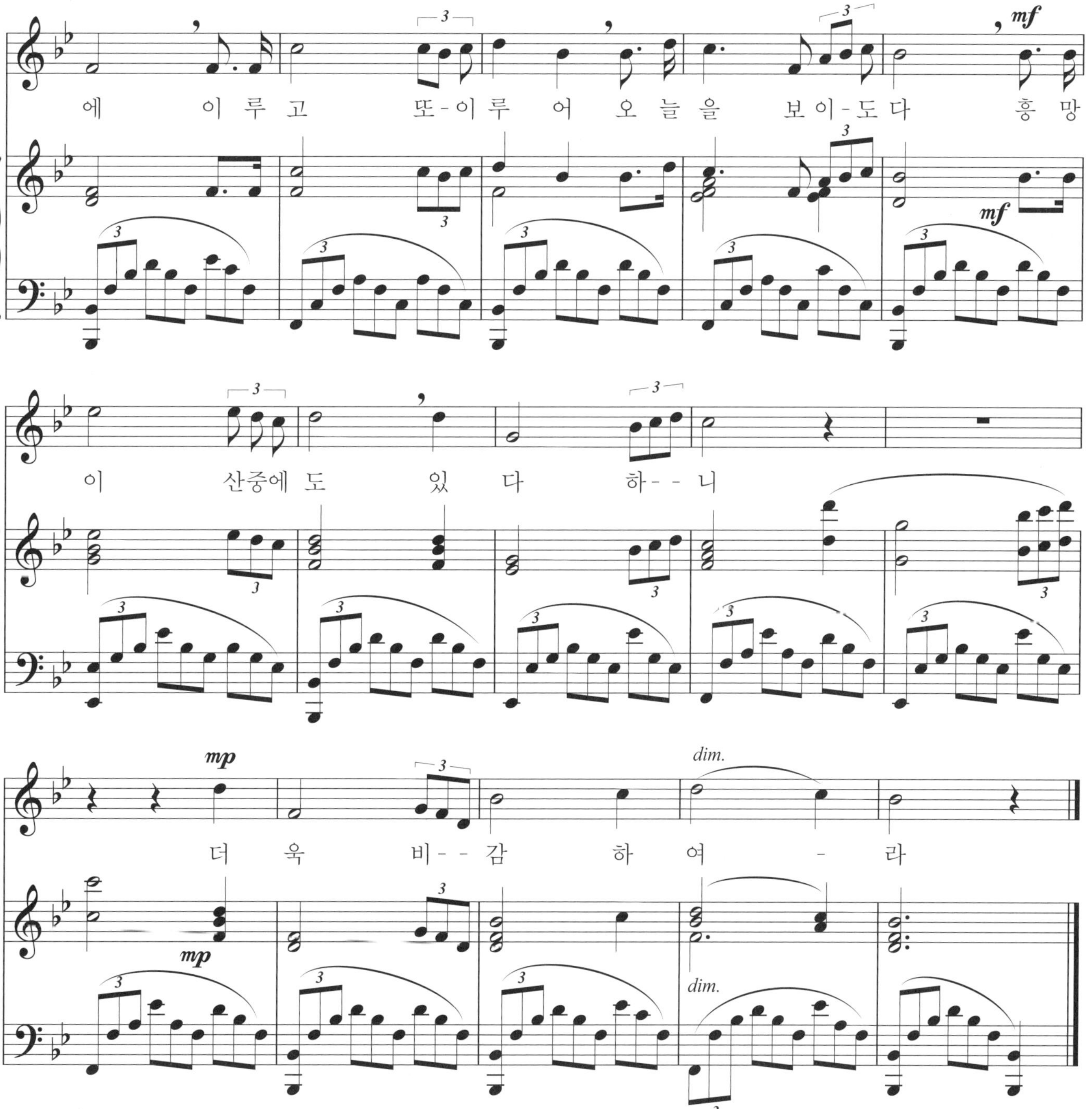

잔향

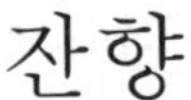

이연주 작시
윤학준 작곡
느낌을 가지고 ♩=76
mf
mp
mp
mp
어 디
에 서 불어 오 는 희미-한 -바 람일까 연-
초 록 마음밭 에 그대향기 -가 득하다 머

나 먼 -길 달려와 토해내던 붉은날 숨 다시
선 -그 자리에 그대 숨결 가득 하 다 -
흰 달빛에 채 워지던
그 대-의 잔향 은 은-히 스-며들 어

내마음에 - 머물러라 돌고 돌아 - 돌고 돌아 그 자 리
에 - 멈추 이면 하릴없 이 - 흐르는 물 의노래
물의노래 - 뿐이어 라

물 의노래 물의노래 - 뿐이어라 돌고 돌
D.S. al Coda
아 - 돌고 돌아 그자 리에 - 멈추 이면 하 릴없
이 - 흐르는 물 의노래 - 물의노래 - 뿐이어
라 -
rit.

저 구름 흘러가는 곳

김용호 작시
김동진 작곡

들 은 곱게피 - 어 날 오 라부 - 르 -
란 한보금자 - 리 날 오 라부 - 르 -
네 행 복 이깃든그곳 에 그 리움 도흘러가 -
네 쌓 인 정이룰그곳 에 별 - 빛 도흘러가 -
라 저 구 름흘러가는곳 이
라
가 슴깊이불타는 영 원 한나 의

사 - 랑 전할곳 길은멀 - 어도 즐 - 거 - 움이
넘 - 치 는나라 산을넘 - 고 - 바 - 다를건 - 너 저
구 름흘러가는 곳 내마음 도따라가 - 라 그
대 를만날때까지 내사랑 도흘러가 - 라

첫사랑

김효근 작시
김효근 작곡
Purely (♩. = 60)
p
mf
p
그 대 를
처 - 음 본 순간이 여 - 설레는 내 마음 에빛 을 - 담았
네 - 말못해 애 - 타는 시간이 여 - 나

mp
홀 로 저 민 다 그 눈 길 마 - 주친 순간이
여 - 내 마음 알 릴세 라눈 빛-돌리 네 - 그대와
함 - 께한 시간이여 - 나 홀 로 벅 차
다 - 내 영 혼이 여 간절히 기 도해 - 온
mf

세 상이여 - 날위해 노 래해 - 언 제 나 그대에게 내 - 마
음 전 - 할 까 오 늘 도 그 대 만 생 각 하
며 살 다
그마음
poco rit.
p
mp
a tempo
mp

열 - 리던 순간이 여 - 떨리는 내 입술 에꿈 을 - 담았
네 - 그토록 짧 - 았던 시간이 여 - 영
원 히 멈 추 라 - 내 영 혼이여 즐거이
노 래해 - 온 세 상이여 - 우리를 축 복해 - 내 마

음 빛이되어 그 - 대를 비 - 추라
오늘도그대만생각하 며 살
다 첫 사
랑

축복의 노래

문정희 작시
김규환 작곡

Moderato ♩ = 104
mp
사 -
랑 의 - 이름으로 반지만 - 들 - 고 영 -
원 의향 기 - 로 촛불밝혔네 저 -
poco rit.
poco mosso
멀 리반짝이 - 는 아름다 운별하 -

나   둘 이 함 께 바 라 보 - 며   걸
rit.   a tempo   poco mosso
어 가 리 라   오 늘 은   새 길 을
떠 나 는   축 복 - 의 - - 날   내 -
딜 는 발 자 욱 마 다   햇 살 이 내 - 리 -

cresc.
p rit.
어 그대의 맑은 눈빛 이슬 -맺-혔-
cresc.
p rit.
Tempo 1
mp
네 둘 - 이 서 - 하나되 어 행
mp
mf cresc.
복 의 문을열 - 면 비바람 인들 어
f
이 눈부시 지않 으 - 리 추위
f

인 들 어 - 이 따 스 하 지 않 으
리 아 - 오 늘 은 아 름 다 - 운 약
속 - 의 - 날 사 랑 의 - 이 름 으
로 축 복 하 리 라 - -

청산에 살리라

김연준 작시
김연준 작곡

네 세 상번뇌시름잊 고 청-산
에 -서살 리 라 길 고긴-세월동 안 온 갖
세 상변-하였 어 도 청 산은-의구하 니
청산 에-살으 - 리 - 라

한송이 흰 백합화

김 호 작시
김성태 작곡
Moderato grazioso

1.가 시밭의 한송이
2.가 시밭의 한송이
흰 - 백-합 화 고요히 머리 숙여
흰 - 백-합 화 부끄러 조-용히
홀 로피-었네 인적이 끊어진
고 개숙-였네 가시에 찔릴까

p
깊 은산속 에 고요히 머리숙여
두 려함인 가 고개를 숙-인양

mf accel. f
홀 로피-었네 어여뻐라 순-결한 흰 -백합화
귀 -엽-구나

ff a tempo ten. mf pp
야 그윽한 네-향기 영 원하-리 라
mf accel.
accel.
ff a tempo mf pp

희망의 나라로

현제명 작시
현제명 작곡
쾌활하게
배를 저어가자 험한 바다 물결 건 너 저편 언덕
밤은 지나가고 환한 새벽 온다 종 을 크게 울려
에라
라
산천 경개 좋고 바 람 시원한 곳
멀리 보이나니 푸 른 들이로다
희 - 망의 나라로
희 - 망의 나라로
돛 을 달---아라

부 는 바 람 맞 아 물 결 넘 어 앞 에 나 가 자
자 유 평 등 평 화 행 복 가 득 찬 곳 희 - 망 의 나 라
로
희 - 망 의 나 라 로
rit.
a tempo
1.
2.

코스모스를 노래함

이기순 작시
이홍렬 작곡

나 의 친 구 로 다
밤 은 깊 어 가
고
마 음 은 고 요 타
내 마 음 더 욱
더
적 막 하 여 지 니
네 모 양 도 더
욱
더 처 량 하 구 나
고 요 한 이 밤

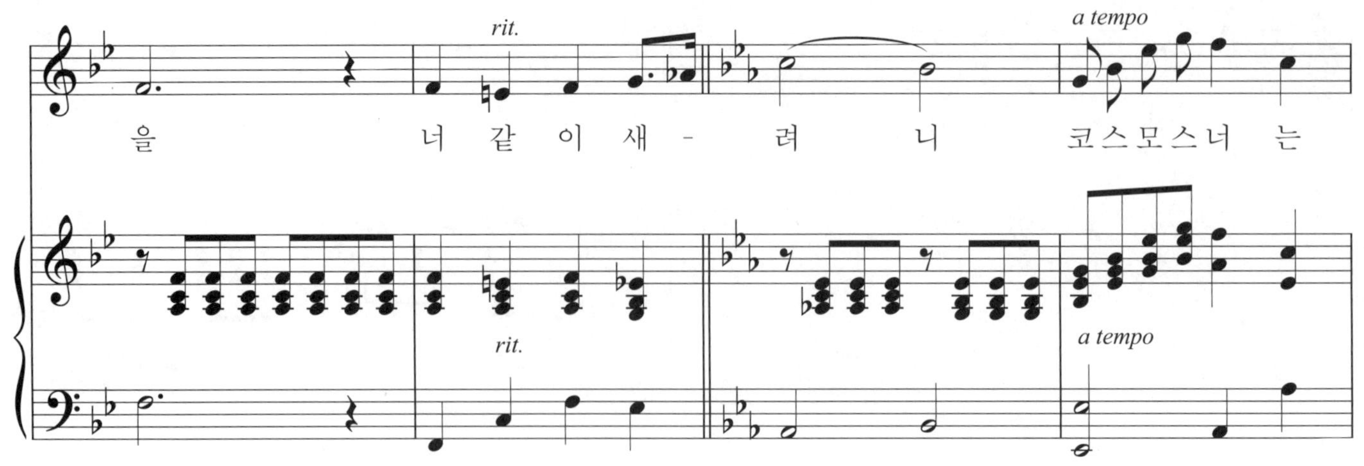
을
너같이새 - 려니
코스모스너 는

가 - 을의새아씨 외 로운이밤 에
나 의친구로

다

O mio babbino caro

그리운 아버지여

a com - pe - rar l'a - nel - lo! Si, si, ci voglio an -
약 혼 반 지 를 사 요 참 말 가 고 싶
da - re! e se l'a mas - si in - dar - no, an
어 요 용 서 를 안 하 시 면 낡
drei sul Pon - te Vec - chio, ma per but - tar - mi in -
은 다 리 에 가 서 강 물 에 몸 을
Ar - no! Mi strug go e mi tor - men - to! O
던 져 고 통 에 몸 부 림 - 치 며
pp
p
p
dim.

pp
Di - o, vor - rei mo - rir!...
죽 어 버 릴 라 오
pp
rinf.
Bab - bo, pie - tà, pie - tà!
아 버 지 여 허 락 -
m.d. rit.
Ped.
Bab - bo, pie - tà, pie - tà!...
해 주 세 요 이 몸
m.d. rall.
pp
m.s.
Ped.

M'appari Tutt' Amor

(Marta)

꿈과 같이

F. v. Flotow

an - si-o so - a lei vo-lo mi fe rì, min va - ghi quell' an
남 기고 - 간 그 대 여 - 당 신 은 해같 이 빛 나
ge - li-ca bel - tà, sculta in cor dall' a-mor can cel - lar si non po -
고 어여쁘 며 속 삭 인 사 랑 은 항 상 즐 거 웠 도
tra, il pen - sier di po - ter pal - pi - tar con lei d'a-mor può so -
다 그 대 나 함 께 하 면 이 맘 의 괴 롬 을 이 날
pir il mar-tir che m'af-fan - nae strazià il cor, e strazià il
에 즐 거 이 찾 겠 네 그 대 위 해 그 대 위
p
Ped.
Ped.
rall.

cor:
M'ap - pa - ri tutt' _ a _ mor,
해 - 꿈 같 - 이 사 - 라 - 진
il _ mio sguar - do l'in - con - tro; bel - la _ si,
아 - 름 다 - 운 님 - 이 - 여 이 맘 - 의
cresc.
che - il mio - cor, _ an - si - o - so a lei vo - lo;
괴 - 로 - 움 - 남 기 고 간 그 대 여
rall.
rall. colla voce
più animato
più animato
Mar - ta, Mar - ta, tu spa - ri - sti, e il mio cor col
마르 - 타 마르 - 타 내 사 랑 아 내 너 를 위

tuo n'an - do! tu la pa ce mi rà -
하 - 여 아 - 름 다 운 그 대 의
colla voce
pis - ti, di do - lor io mo - ri - rò,
이 름 불 러 마 지 않 노 라
cresc. ed agitato
f
ad lib
Ah, di do - lor mor - rò si mor - rò!
아 - 불러마 - 지 않 노 라
fz
ff
più animato
cresc.
Ped.
Ped.
Ped.
ff
p
Ped.

Una Furtiva Lagrima

(L'elisir d'amore)

남 몰래 흐르는 눈물

G. Donizetti

tò:
네
quel - le fe - sto - se gio - va - ni, in
저 처 녀 는 나 로 인 해 산
Vi - di ar - sem - bò;
란 - 한 그 - 마 음
che più cer-can-do io vo?
온 갖 것 뉘 우 치 고
che piu cer - can do io vo?
그 대 는 탄 식 하 나
m'a ma, si,
이 제 알
m'a - ma, lo ve - do lo ve - do!
았 - 네 너 의 진 실 한 사 랑

Un - so - loi - stan - te_i pal - pi - ti
가 슴 을 태 우 면 - 서
del suo - bel cor___ sen - tir;
나 를 사 모 - 하 는
i miei so - spir - con
거 짓 없 는 그
fon - de - re, per po co a' suoi so - spir,
마 음 에 그 대 는 돌 아 - 왔 네
i pal - pi - ti, i pal - pi - ti - sen -
그 대 는 나 - 를 사 모 하
tir, con - fon - de - re i miei, coi suoi so - spir.
네 참 사 랑 스 런 귀 한 내 님 아

f
Cie - lo si può___ mo - rir; di piu non chie - do, non chie___
차 라 리 이 - 내 몸 이 - 대 - 로 - 죽 - 을 지 - 라
p

do, ah! cie - lo, si può, si puo, mo___ rir; di più non
도 아 나 는 널 영 - 원 - - - 히 잊 을 - 길 -

chie do non chie ___________ do!
이 - 없 으 ___________ 리

Voi che Sapete

(Le Nozze di Figaro)

사랑의 괴로움 그대는 아는가

W. A. Mozart

Andante con moto

Quel - lo ch'io pro - - - vo, vi - ri - di - rò e per me
애 타 는 마 - - 음 지 - 금 다 시 되 풀 이
muo - vo, ca - pir nol so Sen toun of - fet - to
하 - 리 내 - 사 랑 을 달 콤 한 그 - 꿈
pien di de - sir ch'o - rae di - let - to, ch'o - raè mar -
깨 어 나 면 안 타 - 까 운 - - 맘 어 이 하
tir; ge - lo,e poi sen - to l'al - - ma a v - vam - par,
리 가 슴 은 막 혀 말 - 도 못 해

ein un mo - men - to - tor - no a ge - lar; ri - cer-coun
사 - 랑의 불 - 꽃 - 붉 게 타 는 이 가 슴
be - ne fuo ri di me, mon sochi il tie - ne
어 - - - 찌 끝 것 인 가 사 랑의 그 님
non so cos' e so-spi-ro e ge - no sen za vo - ler. pal - pi-to e
따 라 가 리 미 칠 듯 한 - 맘 떨 리는 맘 춤 을 출
sf p
tre - mo sen-za sa - per, non tro-vo pa - cè not te nè di, ma pur mi pia - ce
까 - 나 안 타 까 운 이 심 정 누 - 구 위 해 한 숨 짓 는 가 사 - 랑
sf p

lan - guir co - si! Voi - che sa pe - te, che co - sa e a
사 랑 의 님 사 -랑 의 괴 롬 그 대 는 -아 -
mor, don - ne, ve - de - te, s'io l'ho nel cor,
나 불 타 는 내 마음 어 찌하 리
don - ne, ve - de - te, s'io l'ho nel cor, don - ne ve -
사 -랑 의 불 -꽃 -타 는 가 슴 불 -타 는
de - te, s'io l'ho nel cor!
사 -랑 의 이 불 -꽃 -을
tr tr

La donna è mobile

(Rigoletto)

여자의 마음

G. Verdi

cresc.
La___ don - na è mo - bil qual__ piu - ma al ven to, mu - ta d'ac -
바 - 람 에 날 리 는 갈 - 대 와 같 이 여 - 자 의
p
cresc.
f pp leggiero
cen - to e___ di pen - sier,
마 음 변 - - 합 니 다
f pp mf
p
e___ di pen - sier e_________
변 - - 합 니 다 아
p
con forza
e di pen - sier.
- - 변 - 합 - 니 - 다
ff f marcoto

E sem - pre mi - se - ro chia lei - s'af - fi - da, chi le con - fi - da
그 마 음 어 디 에 둘 곳 을 모 르 며 항 - 상 들 - 뜬

mal cau - to - co - re! Pur mai non sen - te si fe - li - ceap - pie - no
어 리 석 은 여 자 여 달 콤 한 사 랑 의 재 미 도 모 르 며

chi su quel se - no non il - ba a - mo - re! La don - na è mo - bil
밤 이 나 낮 이 나 꿈 속 을 헤 맨 다 바 - 람 에 날 리 는

f
pp leggiero
qual piu - ma al ven to, mu - ta d'ac - cen - to e di pen - sier,
갈 -대 와 같 이 여 -자 의 마 음 변 - 합 니 다
pp
mf

p
e di pen - sier, e
변 - 합 니 다 아
p
p

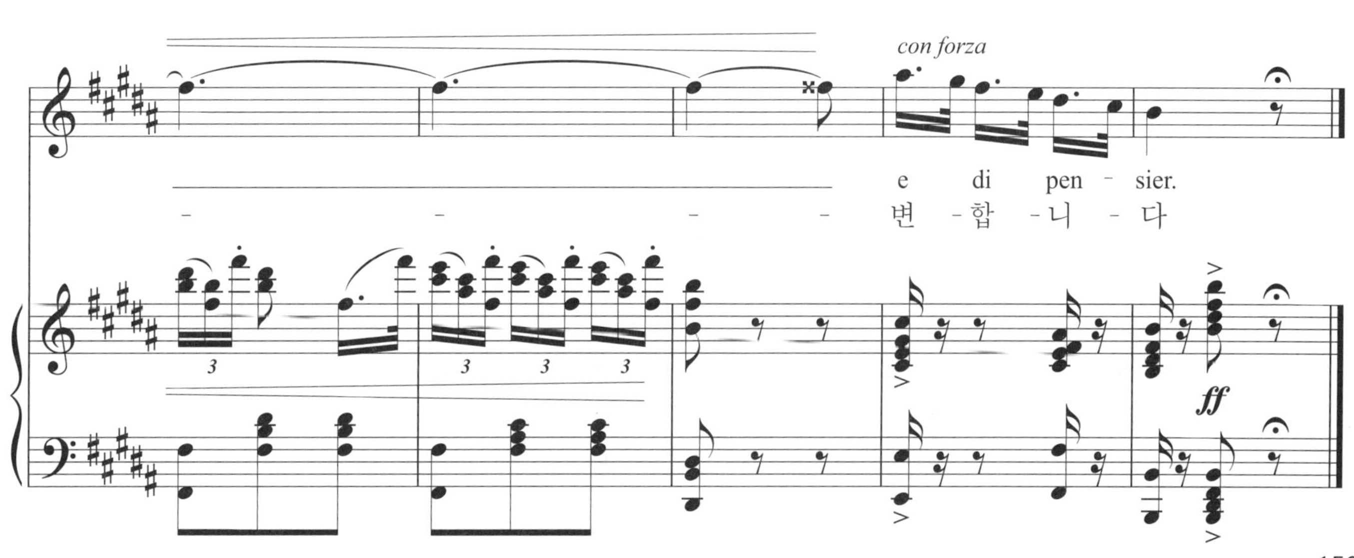

con forza
e di pen - sier.
변 - 합 - 니 - 다
ff

Brindisi

(La Traviata)

축배의 노래

G. Verdi

o _______ ra s'in - ne - bri a __ vo lut _______ ta! Li - biam ne'
기 - 어 사 랑 을 - 속 - 삭 이 - - - 리 다 같 이

legato p
dol - ci _____ fre - mi - ti che su - sci - ta l'a _____ mo - re poi - che quel
축 배 - - - 를 들 어 기 쁨 속 에 잠 - - - 기 세 젊 음 의

l'oc - chio al __ co - re on - ni - po - ten - te _____ va! Li - bia
가 슴 속 - 에 사 랑 의 애 가 타 - - - 네 - - 들 어

__ mo, a - mo - re, a mor ____ frai ca _______ li ci piu cal - di - ba - ci - a __ vra!
- 라 행 복 의 축 배 - 를 들 - 어 서 사 랑 - 을 - 속 삭 - 이 - 리

Tra vo i, tra vo i sa pro di vi de re
청 춘 의 이 날 을 기 뻐 노 래 하 자 마

il tem po mio gio con do, tut to è fol li a, fol lia a nel
음 껏 즐 기 며 마 시 자 아 행 복 의 이 밤 을 축 하

mon do, cio che non e pia cer! Go diam, fu
하 여 라 청 춘 의 사 랑 을 이 밤 기

ga ce e ra pi do è il gau dio del l'a mo re èun fior che
쁨 의 연 락 이 사 라 지 기 전 에 우 리 같

na scee muo - re, nè piu si puo go - der!_________ Go - diam,_____
이 사 - - - 랑 의 달 콤 한 꿈 꾸 - - - 어 - - 보 세
_____ c'in - vi - ta, cin - vi - ta un fer _____ vi - doac - cen - to _____ lu - sin -
- - 들 어 라 사 랑 의 축 배 - 를 이 꿈 이 - - - 깨 기 - 전 -
ghier, ah!_____ ah!_____ ne sco - pra il di, ah!_____ ah!_____ ne sco - pra il
에 아 - 아 - - 같 이 - 즐 기 자 아 - 아 - - 같 이 - 즐 기
di ah!________________ si!________________
자 아 - - - - 아 - - - - -

E lucevan le stelle

(Tosca)

별은 빛나건만

G. Puccini

affrett. pp rit.
sostenendo vogamente
mi ca-dea fra le brac-cia.
이맘 기 쁨이 솟 네
rit.
mf
m.d. m.s.
f
m.d.
affrett.
con grande sentimente
(vogamente)
Oh! dol - ci ba - ci,o lan-gui-de ca - rez - ze, mentr' io fre -
즐 거 운 이 때 는 찾 아 왔 도 다 그 대 와
pp
con grande sentimente
rit.
men - te le bel - le for - me di - scio - gliea dai
함 께 만 나 - 는 - 이 내 가 슴 이 뛰
rit.
ve - li!
도 다
Sva - ni per spupre il so - gno mio d'a -
황 홀 한 꿈 은 사 라 져 버
rit. rit.
rit.

stentato un poco
con anima
mo - re... lo - ra è fug - gi - ta e muo - io di - spe
리고 소망은 끊 어 져 나 홀로 죽 어
f con anima
stentato un poco
ra - to!... e muo - io di - spe - ra - to!
가 오 나 홀로 죽 어 가 오
affrett.
sostenuto e cresc. con slancio
f rit.
E non ho a - ma - to mai tan - to la vi - ta, tan - to la
행 복의 이 밤 행 복 - 의 이 밤 다 내 버
m.s.
m.d. f
rit. col canto
f
Lento
vi - ta!
리 고 -
f p ppp

Ich liebe dich

그대를 사랑해

L. v. Beethoven

trö - ste - test im Kum - mer mich, ich weint in dei - ne
의 걱 정 을 그 대 가 그 - 대 가 근 심
Kla - gen, in dei - ne Kla - gen. Drum Got - tes Se - gen
하 면 내 사 랑 그 대 여 하 - 나 님 의 크
ü - ber dir, du mei - nes Le - bens Freu - de, Gott
신 은 총 그 대 에 게 내 리 시 라 그 -
schüt - ze dich, er - halt' dich mir, schütz' und er - halt' uns -
대 는 나 의 생 - 명 나 의 온 갖 즐 -
f dolce
p
cresc.
f
dim.

bei - de, Gott schüt - ze dich, er - halt' dich
거 움 그 대 는 나 의 생 -
mir, schütz und er - halt' uns bei - de, er -
명 나 의 온 갖 즐 거 움 그
halt', er - halt' uns bei - de, er halt uns
대 는 나 의 생 명 영 원 한
bei - de!
내 사 랑
p f
dim.
cresc.
f
cresc.
f f

Auf Flügeln des Gesanges

노래의 날개 위에

F. Mendelsshon

liegt ein roth blü - hen der Gar - - ten im stil - len Mon - den -
hü - pfen her - bei und lau - schen die from - men klu - gen Ga -
기 로 운 꽃 - 동 산 에 달 빛 은 밝 - 은
랑 스 런 꽃 - 동 산 이 우 리 를 부 - 른

cresc.
schein; die Lo - tos - blu - men er war - ten ihr
zell'n; und in der Fer - ne rau - schen des
데 - 한 송 이 연 - 꽃 으 로 그
다 - 산 들 부 는 - 바 람 도 우
cresc.

dim.
p
trau - tes Schwe - ster - lein, die Lo - tos - blu - men er -
heil' gen Stro - mes Welln, und in der Fer - ne
대 를 반 - 기 리 - 한 송 이 연 - 꽃
리 를 부 - 른 다 - 산 들 부 는 - 바
dim.
pp

cresc.
p
war - - - - ten ihr trau - tes Schwester - lein.
rau - - - - schen des heil' - gen Stro - mes Well'n.
으 - - - - 로 그 대 를 반 기 리
람 - - - - 도 우 리 를 부 른 다
cresc.
p
cresc.

1.
2.Die
2.아
dim.
p

2.
cresc.
3.Dort wol len wir nie - der sin - ken
3.종 려 나 무 그 - 늘 아 래
cresc.
Ped.
Ped.

un - ter dem Pal - men - baum,
사 랑 에 취 - 하 여
und Lieb' und Ru - he
고 요 히 님 - 과
cresc.
Ped.

cresc.
f
trin - ken und träu - men se - li - gen Traum, und
함 께 꿈 속 에 잠 - 기 리 - 꿈
cresc.
f
cresc.

dim.
träu - men se - li - gen Traum,
속 에 잠 - 기 - 리
dim.
p
Ped.

dim.
seli - gen Traum.
단 - 꿈 속 에 -
pp
Ped.

Minnelied

사랑의 노래

J. Brahms

Rö - ter blü - hen Tal und Au, grü-ner wird der Wa
붉 은 빛 나 는 꽃 은 그 빛 깔 더 빛
- sen, wo die Fin - ger-mei - ner - Frau Mai - en - blu - men
- 나 상 냥 스 런 아 내 의 손 - 목 을 - 잡 -
la - sen. Oh - ne sie ist al-les tot, welk sind
으 면 그 대 가 없 을 지 면 초 록
Blüt' und kräuter: und kein Früh - lings-a-bend-rot dünkt mir schön und hei - ter.
이 시 들 - 고 검 붉 은 저 녁 햇 빛 빛 을 잃 고 흐 려
p
p
rf

Tran - te, min - nig-li - che Frau' wol-lest nim - mer fhe -
내 사 랑 의아내여 언제나 있어
- hen, dass mein Herz, gleich die - ser Au, mög' in Wor - ne
다 오 내 품 에 안 기 어 서 즐 - 거움 - 의 -
blü - hen mög' in Won - ne blü - hen!
흰 꽃 이 피일 - - 때 까 - 지
dolce
dim.
rit.
p

Die Forelle

송어

F. Schubert

Etwas lebhaft(Poco allegro)

sah in sü - ßer Ruh' des mun - tern Fisch-leins Ba - de im
덕 에 앉 - 아 - 서 거 울 같 은 강 물 에 송
kla - ren Bäch-lein zu, des mun - terń Fisch - leins Ba - de im
어 를 보 - 네 거 울 - 같 은 - 강 - 물 에 송
Kla - ren Bäch - lein zu.
어 를 보 - 네
Ein Fi - scher mit der Ru - te wohl
젊 은 어 부 한 사 람 산

an dem U - fer _ stand. und sah's mit kal - tem Blu - te, wie
기 슭에-서-서 낚 싯대로송 어 를낚
sich das _ Fisch - lein wand. So lang' dem Was - ser Hel - le, so
으 려-하였네 그 걸바 라 보-면 서나
dacht ich, nicht ge - bricht, so fängt er die Fo - rel - le mit
그 네 생-각-엔 이 리 물 이 맑 아 선송
sei - ner An - gel nicht, so fängt er die Fo - rel - le mit
어 가안잡혀 이 리 물 이 맑-아 선송

sei - ner An - gel nicht.
어　가안잡혀
Doch end - lich ward dem Die - be
젊은어부는마침내
die Zeit zu lang.
꾀를내어
Er macht' das Bäch - lein tük - kisch
흙탕물을일으켰
trü - be, und eh——— ich es ge - dacht, so zuck - te sei - ne
네　아　아그　-강물-에　그강물에이

Ru - te, das Fisch - lein, das Fisch - lein zap - pelt d'ran, und
윽 고 송 어 는 낚 여 올 랐 네 마
p
ich mit re - gem Blu - te sah die Be-trog' - ne an, und
음 아 프 게 도 나 그 네 는 보 았 네 마
ich mit re - gem Blu - te sah die Be-trog - ne an.
음 아 프 게 도 나 그 네 는 보 았 네
dim.
pp

An die Musik

음악에 붙임

F. Schubert

Moderato

zun - den, hast mich in ei - ne bess' - re Welt ent -
면 서 언 제 나 즐 거 - 운 맘 숫 아
ruckt, in ei - ne bess' - re Welt ent - ruckt!
나 내 방 황 하 는 맘 사 라 진 다
Oft hat ein
누 가 뜬
Seuf - zer dei - ner Harf' ent - flos - sen, ein süs - ser
고 있 는 가 락 인 지 - 뉘 지 은
cresc.
p
fp
fp
pp

hei - li-ger Ak-kord von dir
den Him - mel
가 락 인 지 몰 - 라 - 도
꿈 결 같
bess' - rer Zer - ten mir er - schlossen, du hol - de Kunst, ich
이 - 끌 - 려 서 어 - 느 - 덧 - 불 타 는 정 열 -
dan - ke dir da - für, du hol-de Kunst, ich dan - ke dir.
의 나 라 - 로 이 마음 은 - 오 갑 - 니 다
cresc.
p
fp
fp

Sogno

꿈

F. P. Tosti

gl'oc - chi, Sfa - vil - la il tuo sguar - do d'a -
두 눈 촉 촉 히 사 랑 에 젖 어
mor.
라
Tu par - la vi e la vo ce som -
그 대 부 끄 런 가 냘 픈
mes - sa Mi chie - de a dol - cem - en - te mer - cè,
음 성 내 맘 에 사 랑 찾 았 도 다
rit.
So - lo un guar - do che fos - se pro -
날 보 는 그 눈 무 릎 을 꿇

pp rit.
ppp
mes - sa
Im - plo - ra - vi cur -
고 서
눈 물 만 이 흘
pp rit.
ppp
ten.
va - to al mio piè.
러 있 었 네
col canto
Io ta -
그 리
ce - va e col l'a - ni - ma for - te Il de -
워 안 타 까 운 내 마 음 사 랑

sio ten - ta - to - re lot - tò Ho pro -
의 괴 롬 에 쌓 여 서 죽 도
rit.
cresc.
col canto
va - to il mar - ti - rio e la mor - te, Pur mi
록 괴 로 운 이 내 마 음 그 대
vin - si e ti dis - si di no, Ma il tuo
를 피 하 려 하 여 도 고 운
p
lab - bro sfio - rò la mia fac - cia E la
그 대 입 술 스 치 며 는 굳 은
pp e rit.

for - za del cor mi tra - dì.
내 맘 무 너 졌 다 네 -
pp lentamente
Chiu - si gli oc - chi, ti ste - si le
감 은 그 두 눈 벌 린 내 손
pp
brac - cia, Ma so - gna - vo e il bel
에 는 - 하 염 없 는 꿈 만
pp rit.
ppp
pp rit.
ppp
ten.
so - gno sva - nì!
남 았 어 라 -
col canto
ppp
rit.

189

Maria! Mari!

마리아! 마리!

E. di Capua

Nun tro-vo n'o ra e pa - ce, 'a not-t'a fac-cio
내 - 맘을태우면 - 서 - 밤 - 마 다 기 다
juor - no, sem - pe sta cca a tuor - no, spe - ran no' e' ce par -
림 - 은 - 그 - 리운그대음 성 들 - 기 원함일
la!
세
Ah! Ma ri - a, Ma
아 마 리 - 아 마
ri! quan - ta suo - nno ca pre - do pe' te!
리 - 내맘속에그리는그대 -

fam - m'ad - dur - mi,______ ab - brac - cia - to nu po - co cu
반 아 주 게--- -또 괴 롭 고 무 거 운 내
te!__________ Ah! Ma ri - a Ma ri!__________ quan - ta
마--음 -아 마 리 -아 마 리 -내 맘
suo - nno ca pre - do pè te!__________ fam - m'ad - dur -
속 에 그 리 는 그 대--- - 반 아 주
1.
2.
mi,______ Oj' M - ri Oj' Ma ri!______ ri!
게 -아 마 리 -아 마 리 - 리 -

Piacer d'Amor

사랑의 기쁨

G. Martini

Tut - to scor - dai per le - i, per Sil - via in -
잊 으 리 라 못 믿 을 손 실 비 아
fi - da; el - la or mi scor - da e ad al - tro a -
그 - 녀 - 나 를 잊 고 딴 사 - 랑
mor s'af - fi - da.
을 찾 았 - 네
pia -
초
cer d'a - mor più che un di sol non
로 같 은 - 참 사 랑 의 - 즐

du - ra: mar - tir d'a - mor tut - ta la vi - ta
거 움 한 평 생 따 르 네 사 랑 의 -
du - ra.
괴 - 롬
p rit.
"Fin - chè tran - quil - lo
들 판 을 흐 르 는
rit. assai
mf dolce
scor - re - rà il ru - scel là ver - so il mar - che
작 은 시 냇 물 이 - 흘 러 흘 러 먼
cresc.

cin - ge la pia - nu - ra io t'a - me -
바 - 다 로 가 듯 이 그 녀 나
rò," mi dis - se l'in - fe - de - le.
를 사 랑 한 다 - 던 언 - 약
scor - re il ri - o an - cor, ma can - giò in lei l'a-
지 금 은 - 어 디 - 강 물 - 은 흐 르 건
mor. pia
만 - 꿈

con dolore
cer d'a - mor più che un di sol non
이 런 가 - 참 사 랑 의 - 즐
più f cresc. rall.
du - ra: mar - tir d'a - mor tut - ta la - vi - ta -
거 움 한 평 생 따 르 리 사 - 랑 의 -
rall.
rit. tr
du - - ra.
쓰 - 라 림
rit.
mf
cresc.
p

Songs My Mother Taught Me

어머님이 가르쳐 주신 노래

A. Dvořák

where the tear - drops van - ished. Now I teach my chil - - dren
그 눈물 과 함 께 나 이 - 제 애들 에게 노래를

Each mel - o dious me-a - sure oft the tears are flow - ing,
가 르치는 한구절마 - 다 눈 물 이 - 앞 - 을 - 가

rit.
Oft they flow from my mem - ry's trea - sure
리 우네 - - 내 추 억 - 의 - 눈 물 -
rit.

Caro mio ben

오 내 사랑

G. Giordani

gnor. Ces - sa, cru - del,__ tan - to ri - gor! Ces - sa, cru-del, tan - to ri-
를 네 너무 멸-시-말 아 - 라 한 숨 짓는 참 된 나
gor,__ tan - to ri - gor! Ca - ro mio ben, cre - di-mi al-men, sen - za di
를 - 멸 시 마 라 오 내 사 랑 오 내 기 쁨 이 내 말
te__ lan - gui - sce il cor, Ca - ro mio ben, cre - di-mi al-men, sen - za di
씀-믿-어 주 - 오 귀 한 그 몸 이 별 할 때 참 쓸 쓸
te________ lan - gui - sce il cor.
해 - 참 쓸 쓸 해

Ideale

이상

F. P. Tosti

cresc. affrett.
ve - lo. E ti sen - tii ne la lu - ce ne
하 네 내 님 이 여 너는내 빛 고
cresc. affrett.
con anima
I'a - ria, Nel pro-fu - mo del fio - ri; E fu pie - na la-stan-za so-li -
운 꽃 바람에 그 대 그 려 나 홀로 이 쓸쓸한나의
cresc. sempre
rit. a tempo
ta - ria Di te, dei tuoi splen-do - ri.
방 에님모습가 득 찼 네
col canto
a tempo
cresc.
p
In te ra -
꿈결과
pp sempre assai legato
dim.

pi - to, al suon de la tua vo - ce Langamen-te so - gnai; E de la
같 은 사랑의 속삭임 이 내 맘에들리 니 - 지나간
ter - ra o-gni af-fan - no, o - gni cro - ce In quel gior-no scor-
날 의 근심 걱 정 사 라 지 고 한숨마져 갔
dai Tor - na, ca ro i-de - al,
네 - 사 랑 돌아오 라 -
tor - na un i - stan-te A sor - ri - der-mi an - co - ra, E a
웃 음 의 수 레 를 사뿐이 타 고 너 의

me ri - splen - de - ra nel tuo sem - bian - te U - na no - vel - l'au -
얼 굴 장 미 빛 그 윽 한 향 기 새 벽 의 맑 은
ro - ra, u - na no - vel - la au - ro - ra.
하 늘 거 룩 한 내 님 돌 아 오 라
Tor - na, ca - ro i - de - al,
내 님 내 사 랑 아
tor - na, tor - na.
사 랑 사 랑
rit.
cresc.
col canto
cresc. a poco a poco
a tempo
col canto
cresc.
dim. sempre
parlato

Solvejg's Lied

솔베이그의 노래

E. Grieg

206

wiss, du wirst mein, ge - wiss, du wirst mein, ich hab' es ver - spro - chen, ich
님 - 일세 내 님 - 일 - 세 내 정 - 성을 다 하여늘
har - re treu-lich, dein, ich har - re treu - lich dein. A
고 대 하 노 라 늘 고 대 하 노 라 - 아
Allegretto con moto
una cord
Ped. Ped. Ped. simile

Tempo I.
Gott hel - fe dir, wenn du die Son - ne noch siehst, die
그 풍 성 한 복 을 참 많 - 이 반 고 참 -
Son - ne noch siehst. Gott seg ne dich, wenn du zu
많 - 이 반 고 - - 늘 오 우 리 하 느 님 - 늘
tre corde
Fu - ssen ihm Kniest zu Fu - ssen ihm Kniest. Ich will dein-er har - rer, bis
보 호 하 소 서 늘 - 보 - 호 하 소 서 - - 쓸 - 쓸 하 게 홀 로 늘
poco animato

cresc.
f
du mir nah', bis du mir nah', und har-rest du dort o - ben, so
고 - 대함 그 몇-해인가 아! 나는 그리워 라널
cresc.

poco animato
tre fen wir uns da so tref - fen wir uns da! A
찾아가노라 널찾아가노라 아!
f
p

Allegretto con moto
pp una cord
Ped. Ped. Ped. Ped. simile

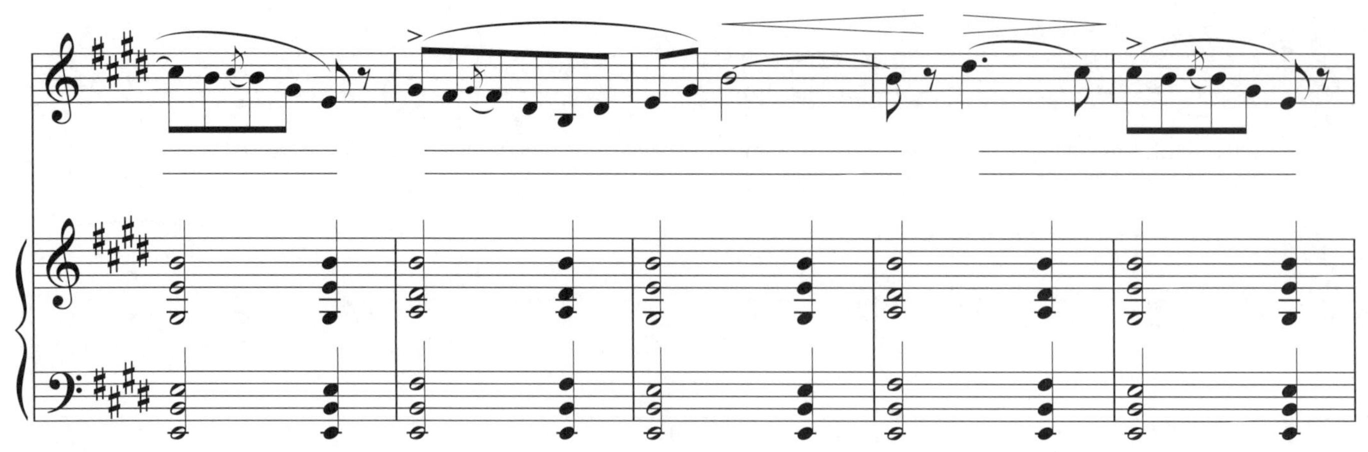

Tempo I
pp
3
pp

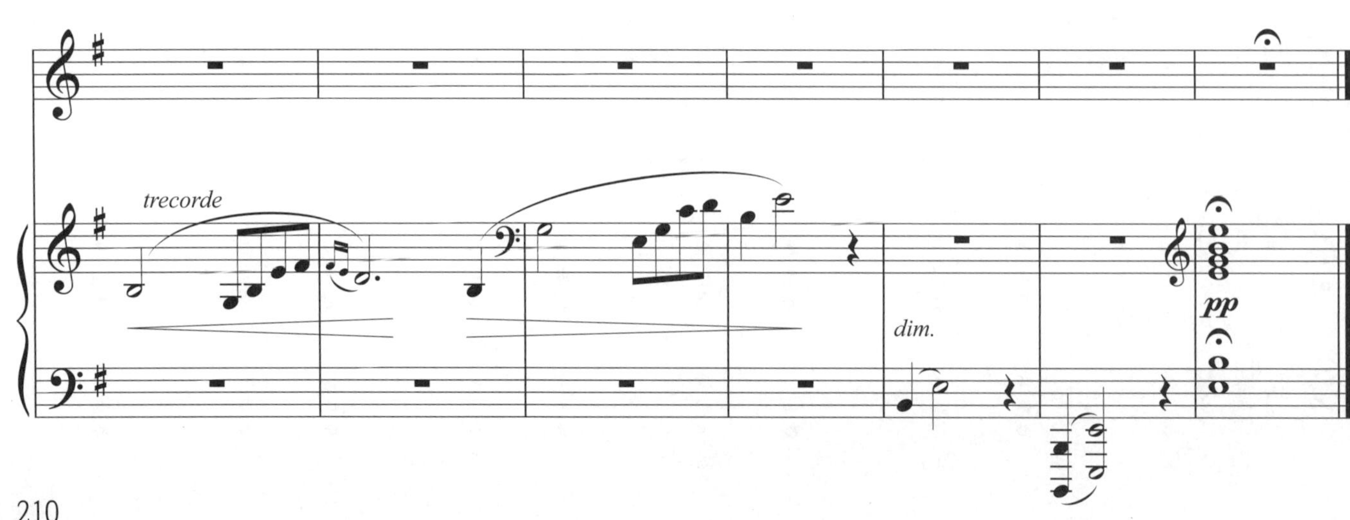

trecorde
dim.
pp

Good-bye

굿바이

Chabrier

Beautiful Dreamer

꿈길에서

S. C. Foster

Moderato

Beau-ti-ful dream - er, queen of my song,____ List while I woo thee with
Beau-ti-ful dream - er, beam on my heart,____ E'en as the morn on the
꿈 길 에 보 는 귀 여 운 벗 - 들 어 주 게 나 의

soft me-lo-dy;____ Gone are the cares of life's bu-sy throng,____
stream-let and sea;____ Then will all cloud of sor-row de-part,
고 운 노 래 - 부 질 없 었 던 근 심 걱 정 -

Beau-ti-ful dreamer a-wake un-to me!____ Beau-ti-ful dreamer a-wake un-to
다 함 께 사 라 져 물 러 가 면 - - 벗 이 여 꿈 깨 어 내 게 오

ad lib

me!____
라 - -

Her bright smile haunts me still

나의 벗

W. T. Wrighton

Andante

will; In the mid - night on the seas, Her bright smile haunts me
fill; And from sleep when I a - rise, Her bright smile haunts me
때 새 희 망 에벽 차 는 두 가 슴 은 뛰 었
still; For her voice lives on the breeze, And her spir - it comes at
still; When I close mine ach-ing eyes, Sweet - dreams My sens-es
네 생 각 하 면멀 어 라 삼 년 전 의 그 옛
will; In the mid - night on the seas, Her bright smile haunts me
fill; And from sleep when I a - rise, Her bright smile haunts me
날 그 리 운 내 벗 이 여 지 금 어 디 있 느
still.
still.
뇨

Non ti scordar di me

날 잊지 말아라

E. D. Curtis

-ve - ra di vi - o - le,_______ ni - di d'a-mo-re e
로 운봄 을 찾 아 - 따 뜻한그 의
di - fe - li - ci - tà_______ La mia pio - co - la
보 금 자 리 로 - 나 의 정 들 인
meno   rit.
ron - di-ne par - ti, Sen - za lasciar miun ba - cio,
적 은제비 도 한 마 디말도 없 이
rit.
sen - za ad-dio Par - tl_______ Non ti scor -
내 품 을떠났 네 - 날 잊 지
m.s.   p
f

dar di me, la vi - ta
말 아 라 내 맘 에
mia lega-ta e_a te, lo t'a-mo sem - pre
맺 힌 그대여 밤 마 다 꿈 속
più, nel so - gno mio ri - ma - ni
에 네 얼 굴 사 라지잖
tu, Non ti scor - dar di me:
네 날 잊 지 말 아 라
rit.
a tempo
a tempo
rit.

la vi - ta mia leg - ta_è_a te,
내 맘 에 맺 힌 그 대 여
c'è sempre_un ni - do nel mio cor per
나 항 상 너 를 고 대 하 도
rit.
te, Non ti scor - dar di me!
다 날 잊 지 말 아 라!
1.
2.
dar di me!
말 - 아 라!
rit.
f
p
ff

Donauwellen Walzer

도나우강의 잔 물결

I. Ivanovici

Tempo di Valse (♩ = 156)

갈 대 잎 끝 마 다 반 짝 이 는 저 잔 잔 한 물 - 결 - 굽

이 - 흐 르 는 - 도 나 우 강 - 물 결 은 - 달

을 - 띄 우 고 - 흘 러 만 - 간 - 다 -

Torna a Surriento

돌아오라 소렌토로

Italian Folk-song

Senti come lieve sa - le dai giar-di-ni, o, dor d'a-ran - ci:
Vedi come le Si-re-ne or ti guardano in-can - ta - te,
향 기 로 운 꽃 만 발 한 아 름 다 운 동 산 에 서
un pro-fu-mo non v'hae-gua - le per chi pal-pi ta d'a-mor!
par che vo-glia-noa te so - le dol-ci co-se mor-mo-rar
내 게 준 그 귀 한 언 약 어 이 하 여 잊 을 까 -
rall.
col canto
E tu di-ci "lo par-to ad-di - o!" T'al-lon-ta-ni dal mio co - re
멀 리 떠 나 간 벗 이 여 나 는 홀 로 사 모 하 여
stent.
ques-ta ter-ra dell'a-mo - re hai la for-za di la-sciar?
잊 지 못 할 이 곳 에 서 기 다 리 고 있 노 라
f col canto

Ma non mi fug - gir, non dar-mi più tor - men - to
돌 - 아 오 라 이 곳을 잊지 말 고

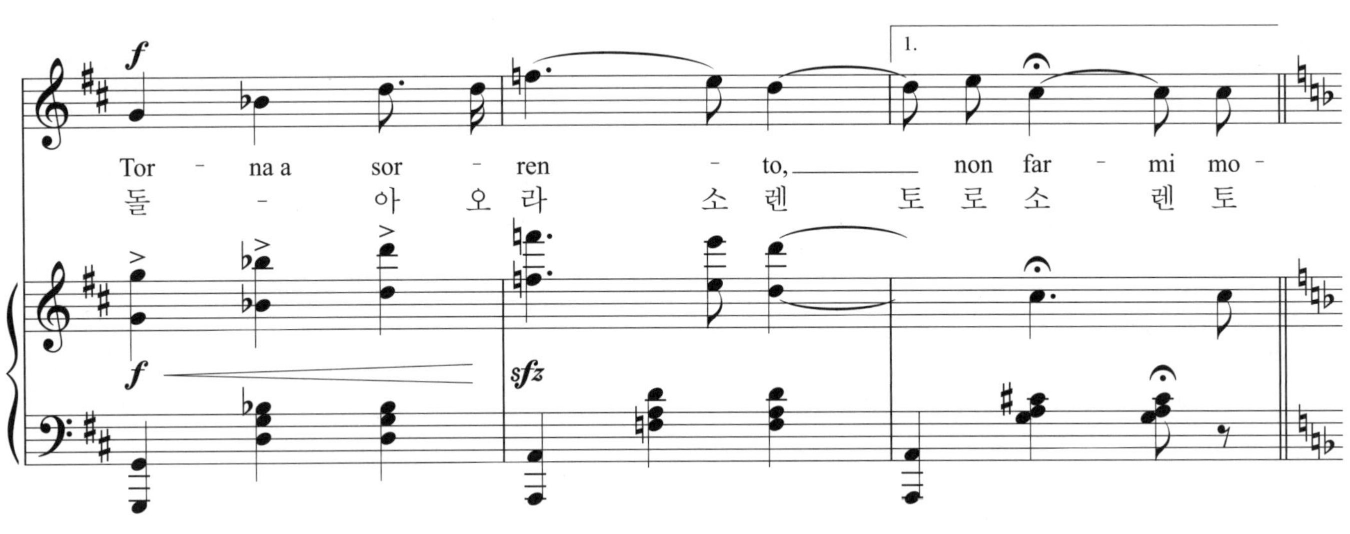

1.
Tor - na a sor - ren - to, non far - mi mo -
돌 - 아 오 라 소 렌 토 로 소 렌 토

2.
rir! - non far - mi mo - rir!
로 토 로 소 렌 토 로

Heidenröslein

들장미

H. Werner

Andantino

Santa Lucia

싼타 루치아

Canzone Napoletana

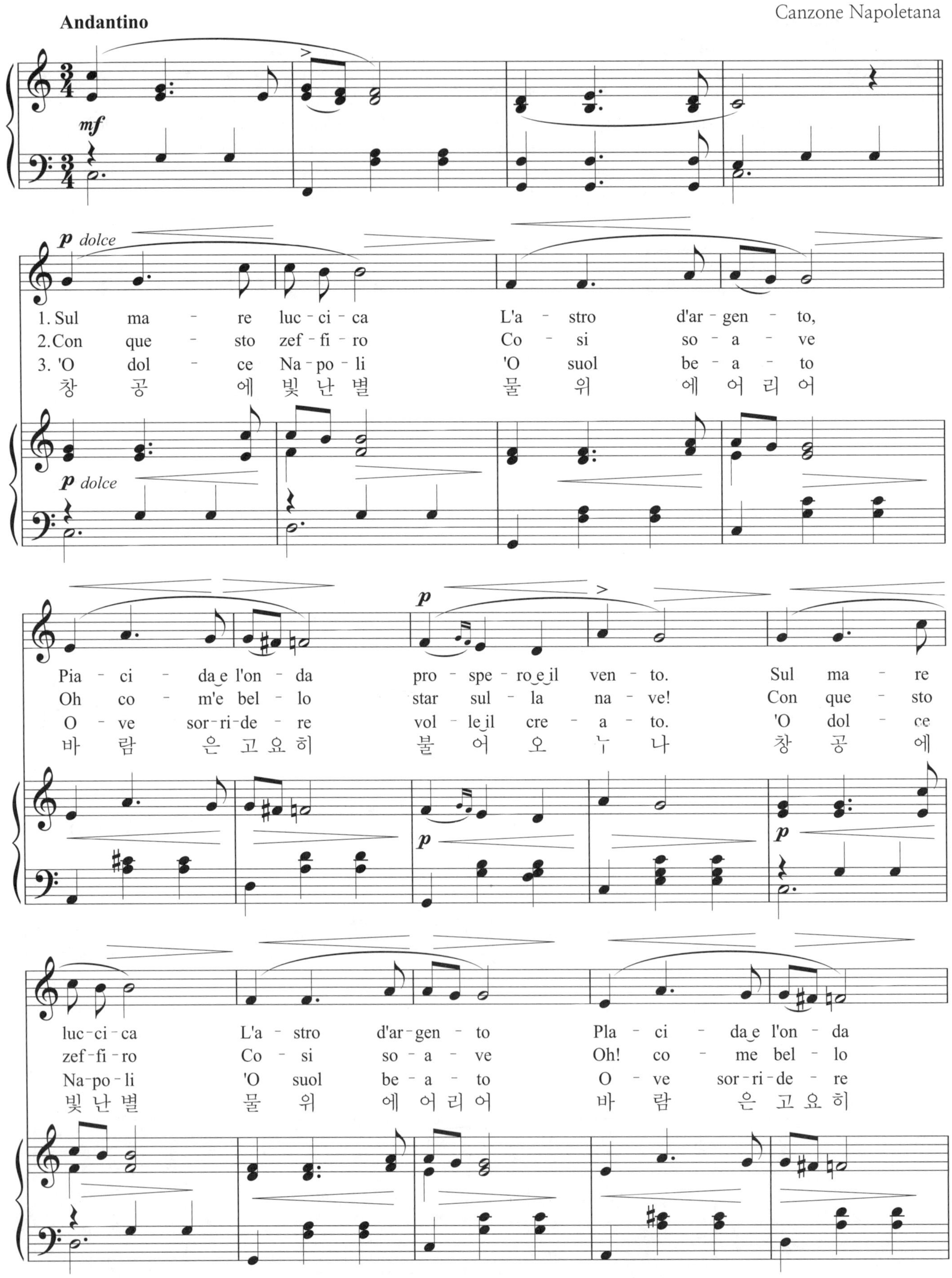

pro - spe - ro e il ven - to.
star __ sul - la na - ve!
vol - le il cre - a - to,
불 어 오 누 나
Ve - ni - te al - l'a - gi - le
Su pas - seg - ge - ri
Tu sei l'im - pe - ro
내 배 는 살 같 이
bar - chet - ta mi - a
ve - ni - te vi - a
del - l'ar - mo - ni - a
바 다 를 지 난 다
San - ta __ Lu - ci - a!
San - ta __ Lu - ci - a!
San - ta __ Lu - ci - a!
싼 - 타 - 루 - 치 - 아
San - ta Lu - ci - a!
Sna - ta Lu - ci - a!
싼 타 루 치 아
San - ta Lu - ci - a!
싼 타 루 치 아

Londonderry Air

애! 목동아

Irish Melody

228

bos - om, with in your silk - en bos - om as that does now! Or would I
clos - es, A bud - in clos - es, to touch you, Queen. Nay, since you
지 - 니 - - 너 도 가 고 또 나 도 가 야 지 저 목 장

were a lit - tle bur - nish'd ap - ple, For you to
will not love, would I were grow - ing, A hap - py
에 는 여 름 철 이 가 - 고 산 골 짝

pluck me, glid - ing by so cold, while sun and shade your robe of lawn will
dai - sy in the gar - den path; That so your sil - ver foot might press me
마 다 눈 이 덮 여 도 나 항 상 오 래 여 기 살 -

dap - ple, your robe of lawn, - and your hair's - spun - gold
go - ing, Might press me go - ing e - ven un - to death!
리 라 아 목 동 아 아 목 동 아 내 사 랑 아 -

Aloha Oe

알로하 오에

Liliuokalani

on - ly hide that I am brok - en heart - ed.
cut a - gainst the love that we are rob - bing.
작 - 별 하 여 - 떠 나 리

Refrain
mf dolce
Fare - well to thee, fare - well to thee, I shall
알 로 하 오에 알 로 하 오에 꽃 -

mf

al - wayswait for thee a - mong the flow - ers; One found em - brace, One
피 는 시 절 에 다 시 만 나 리 알 로 하 오에 알
mf

rit.
kiss, and then, Fare-well, un - til we meet a - gain.
로 하 오에 다 시 만 날 - 때 까 지 -
rit.

Annie Laurie

애니 로리

Lady John Scott

a tempe
bon - nie An - nie Lau - rie   I'd lay me down and dee.
하 는애 니 - 로 리   내맘 속 - 에살 겠네
rit.
Her brow is like the snow - drift,   Her
샛 별 같 은 그   눈 동 자   아
neck is like the swan,   Her face, it is the
름 다 운 - 얼 굴   이 세 상 의아   무
fair - est That e'er the sun shone on,   That e'er the sun shone
것 도 비 할 수없 도 다   네 어 여쁜 모

cresc.
espress.
on, And dark blue is her e'e And for
양 나 잊 지 못 하 리 사 랑
bon nie An nie Lau rie I'd lay me down and
하 는 애 니 로 리 길 이 길 이 살 겠
p rit.
a tempe rit. a tempe
dee. Like dew on the gow an ly ing, isthe
네 여름 날 의 바 람 같 이 또
rit.
a tempo
fa' other fair y feet Like the face, in sum mer
풀 이 슬 같 이 그 대 음 성 내 귓
a tempo

sigh - ing,   Her voice is low   and sweet,   Her
가 에   속 삭 여 주 도 다   고
voice   is low   and sweet,   She's   a   the world   to
요   한 그 음 성   나 잊 지 못 하
me   And   for bon - nie An - nie __ Lau - rie   I'd __
리   사 랑 하 는 애 니 - 로 리   항 상
lay __ me down   and dee.
같 - 이 살 겠 네
cresc.
cresc.
rit.
rit.
pp
8va

O sole mio

오! 나의 태양

E. di Capua

Che bel - la co - sa 'na iur - na - ta 'e so - le___ Ma n'a - tu
하늘에 밝은 해는 비 치 인--다 - 나의몸
so - le___ cchiu bel - lo,ohi - ne,' - 'o so - le mi o___
에 는 - 사 랑 스 런 - 나 의 햇 님 뿐
sta - nfron - te_a te,___ 'o so - le 'o so - le
-비 치 인 다 - 오 나 - 의 나의
mi - o___ sta - nfron - te_a te, - sta - nfron - te_a te!___
햇 님 - 찬 란 하 게 - 비 치 인 다 -

Home Sweet Home

즐거운 나의 집

H. R. Bishop

home. A charm from the skies seems to hal - low us
리 - 내 나 - 라 내기 쁨길 이 - 쉴곳
there, Which, seek thro' the world, is ne'er met with (with) else
도 - 꽃피 - 고 새우 는집 내 집뿐이
where. Home! home! sweet, sweet,
리 오 사 - 랑나 의
pp
home; There's no place, like home, (Oh,) there's no place like
집 - 즐거 - 운 내벗 - 내 집 - 뿐이
largo
tr
colla voce ff

piu
home! _______ 2.An
리 - 2.고 -
animato
ex - ile from home splen - dor daz - zles in vain; _______ Oh!
요 한밤 달빛 도 창 앞 에흐르고 - 내 -
ff
p
give _______ me my low - ly, that _______ cottage a - gain; _______ The
푸 - 른 꿈길 - 도 내 잊 지 못해 - 저
tr
birds _______ sing - ing gai - ly, that came _______ at my call Give me
맑 - 은 바람아 가 을 이어 데 뇨 - 벌 -
tr

them,____ with the peace of mind,____ dear - er than all!
레 -우 는 곳 -에 아 기 별 뜨 네
dim.
dim.

pp
mf
Home, home,____ sweet, sweet, home! There's
오 사 랑 나 의 집 즐
pp

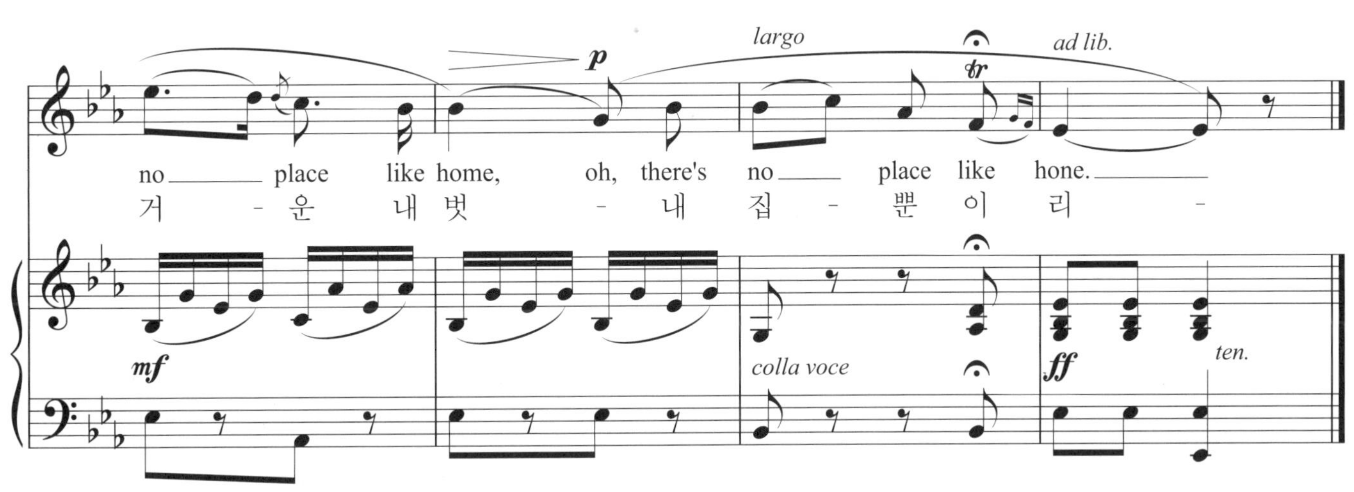

p
largo
tr
ad lib.
no____ place like home, oh, there's no____ place like hone.
거 -운 내 벗 -내 집 -뿐 이 리 -
mf
colla voce
ff
ten.

Heidenröslein

월계꽃

F. Schubert

Barcarolle D'Hoffmann

호프만의 뱃노래

J. Offenbach

dres - ses,   Loin de cet heu - reux sé - jour Le
리   로   옛   날   의   노   래   를   슬   피

temps fuit sans re tour.________   Zé - phirs em - bra -
불   러   보   아   라   -   솔   솔   부   는   바

sés________   Ver - sez - nous vos ca   res   ses   Zé -
람   -   부   는   바   람   이   여   즐   거

phirs________ em - bra - sés.________   Don - nez - nous vos bai
운   -   속   삭   임   -   아   름   다   운   이

- sers,
vos bai sers,
밤
사 랑 의
vos bai sers! Ah!
밤 이 여 아
Bel le nuit, ô nuit d'a mour, Sou ris à nos i vres ses!
맑 은별 이 숨 쉰다 사 랑 의밤 이 여
Nuit plus dou ce que le jour, O bel le nuit d'a mour!
맑 은 별 들이 속 삭 이는 이 밤

p
f
O bel - le nuit d'a   mour!________
Sou ris a nos i - vres________
아 름 다 운 이 밤   -
사 랑 스 러 운   밤
p
cresc.
f

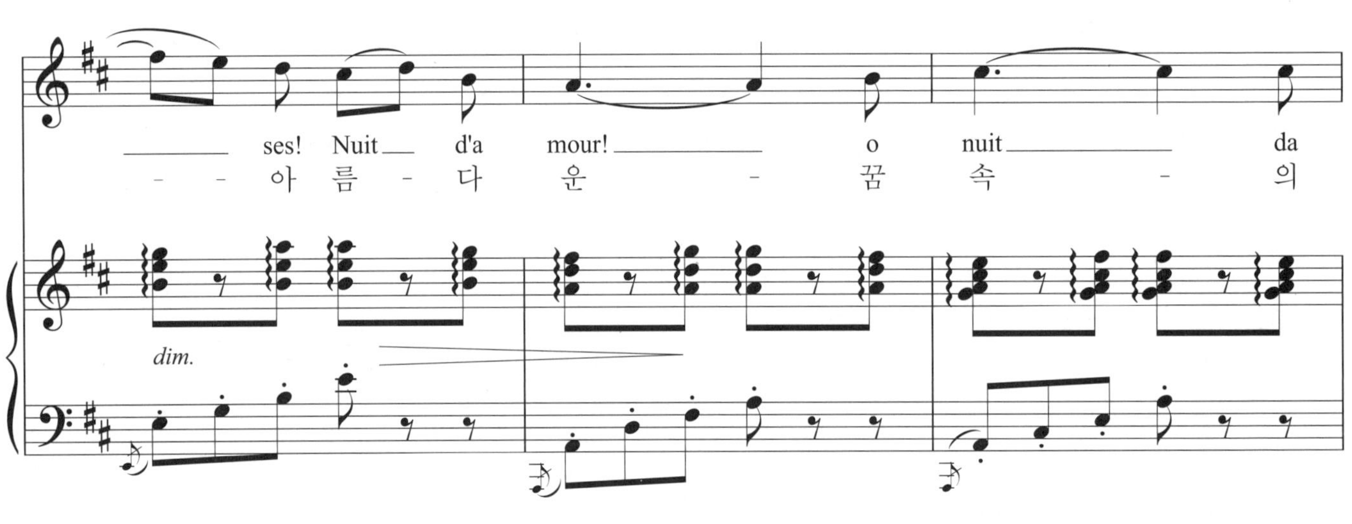

________ ses! Nuit__ d'a   mour!________ o   nuit________ da
- - 아 름 - 다 운 - 꿈 속 - 의
dim.

pp
mour!   Ah!____   ah!________   ah!____
밤   아 -   아 - - - -   아 -
pp

ppp
ah! ah! ah!
아 아 아
ppp

ah! ah! ah!
아 아 아

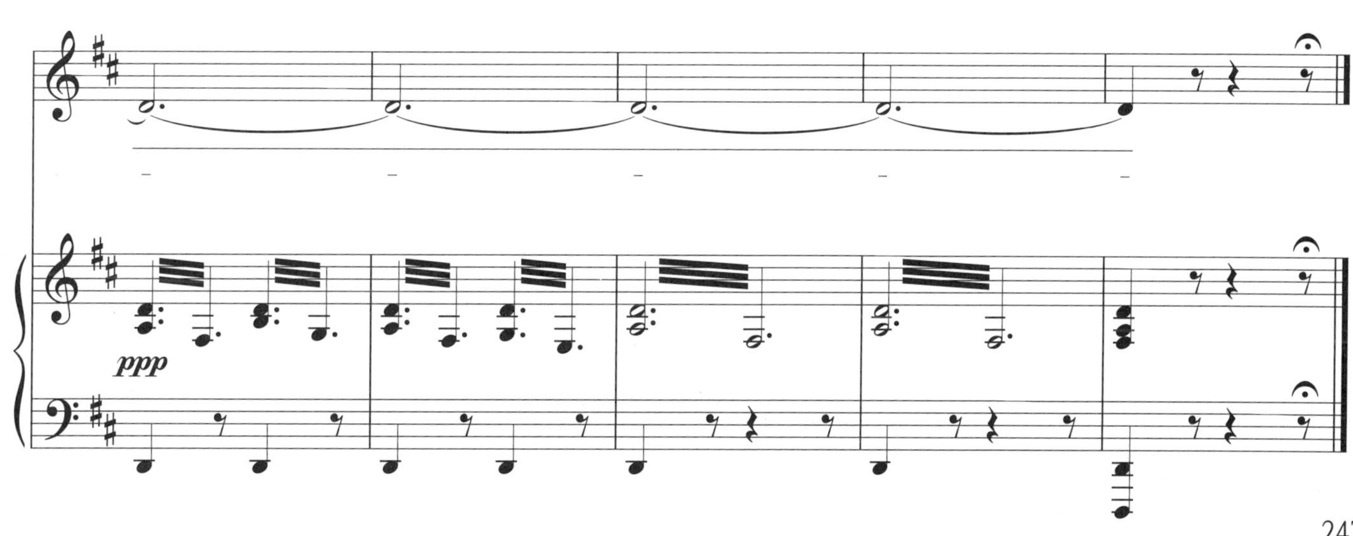

ppp

Whispering Hope

희망의 속삭임

A. Hawthorne

Hope for the sun-shine to-mor - row. Af - ter the show-er is gone.
동 녘엔 광 명의 햇 빛 눈 부 시 게 비 치 네 -
희 망에 찬 아 침 햇 빛 창 문을 열 어 주 리 -
Whis - per - ling hope, O how wel - come
속 - 삭 이 는 - 앞 날 의 - 보 금
(속 삭 이 는 속 삭 이 는 앞 날 의 보 금 -)
Thy voice, Mak - ing my heart in its
Mak - ing my heart in its
자 리 즐 - 거 움 이 - 눈 앞
(자 리 즐 거 움 이 즐 거 움 이 눈 앞)
sor - row re - joice
sor - row re - joice.
에 - 어 린 다 -
에 어 린 다 -)

Wiegenlied

모차르트의 자장가

W. A. Mozart

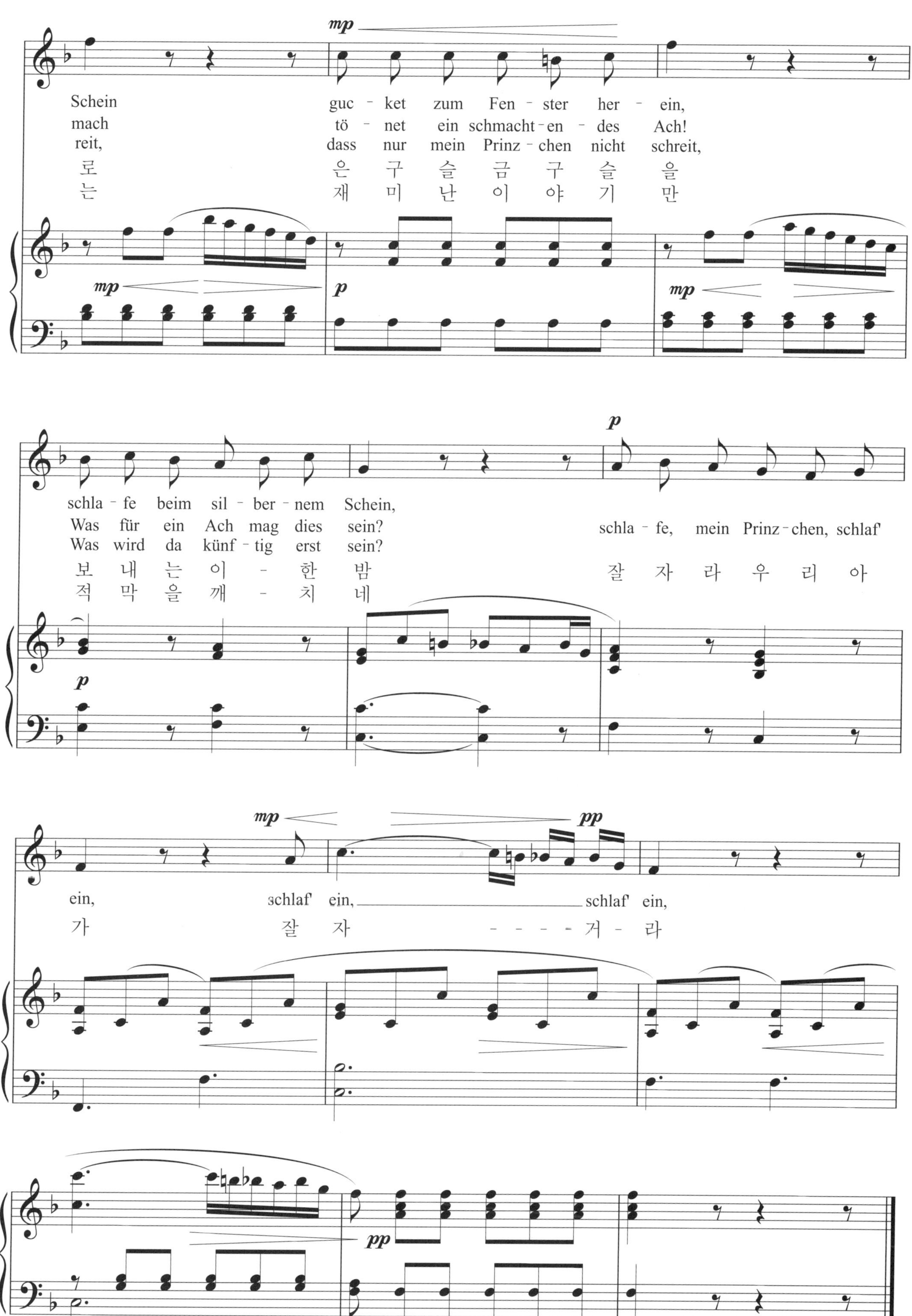

Schein
mach
reit,
로
는
guc - ket zum Fen - ster her - ein,
tö - net ein schmacht - en - des Ach!
dass nur mein Prinz - chen nicht schreit,
은 구 슬 금 구 슬 을
재 미 난 이 야 기 만
schla - fe beim sil - ber - nem Schein,
Was für ein Ach mag dies sein?
Was wird da künf - tig erst sein?
보 내 는 이 - 한 밤
적 막 을 깨 - 치 네
schla - fe, mein Prinz - chen, schlaf'
잘 자 라 우 리 아
ein,
schlaf' ein,
schlaf' ein,
가
잘 자 - - - 거 - 라

Wiegenlied

브람스의 자장가

J. Brahms

Deck':   Mor - gen fruh,   wenn Gott will,   wirst du
Baum: schlaf - nun se   lig und süss,   schau' im
네   잘 자 라   내 아 기   밤 새
해   잘 자 라   내 아 기   밤 새

wie - der ge   weckt,   mor - gen   früh,   wenn Gott
Traum 'spa - ra   die,   Schlaf - nun, se - lig und
편 히 쉬 고   아 침 이   창 앞
고 이 고 이   낙 원 의   단 꿈

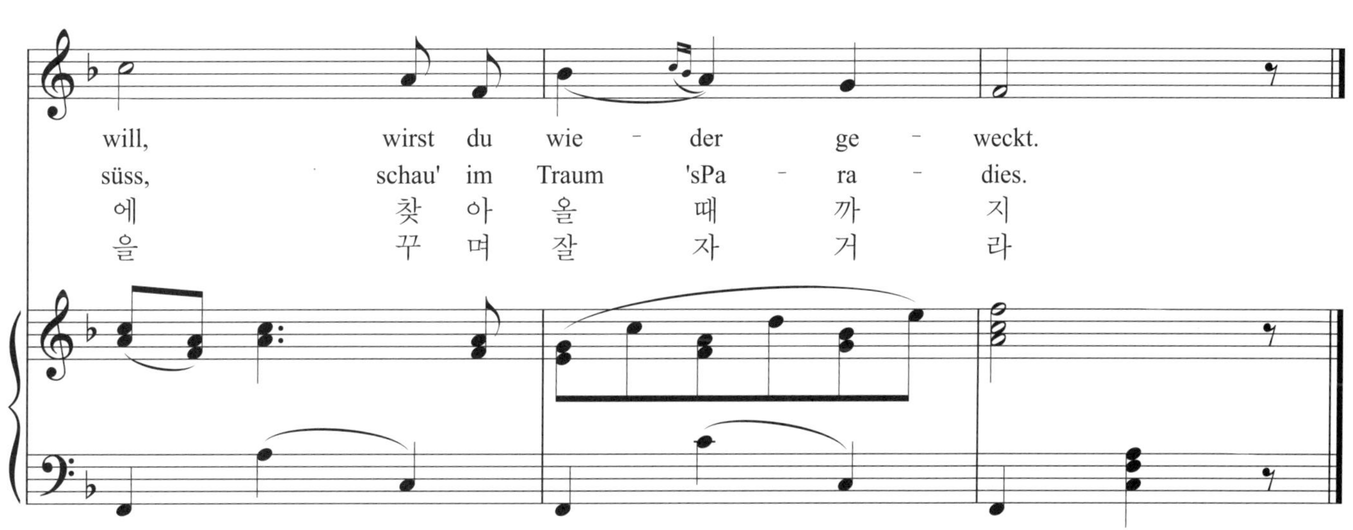

will,   wirst du wie - der ge - weckt.
süss,   schau' im Traum 'sPa - ra - dies.
에   찾 아 올 때 까 지
을   꾸 며 잘 자 거 라

Serenade

슈베르트의 세레나데

F. Schubert

cresc.
Flüster - nd schlan - ke Wi - pfel rau - schen in des Mon - des Licht,
만 날 언 약 맺 은 우 리 달 - 밝 은 오 늘
pp
Ped.
p
mf
in des Mon - des Licht; des Verrä - thers feind - lich Lau - schen
달 - 밝 은 오 늘 우 리 서 로 잠 시 라 도
espr. p
cres - - - cen - - - do
f
fürch - te Hol - de, nicht, fürch - te, Hol - de, nicht.
잊 - 지 못 하 여 잊 - 지 못 하 여
p
f espr.
mf espr.
pp

Hörst die Nach - ti -
수 - 풀 사   이
gal - len schla - gen? ach!   sie fle - hen dich,
덮 - 인곳 에 따   뜻 한 - 사 랑
mit _ der Tö - ne süs - sem Kla - gen fle - hen sie für
적 - 막한 밤 달 - 빛아 래 꿈 을 꾸 - 었
mich!   Sie ver - steh'n des
네   밤 은깊 고

Bu - sen's Seh - nen, Ken - nen Lie - bes - schmerz.
고 요 한 데 들-리는 소 리
ken - nen Lie - bes-
들-리는 소
schmerz?
리
rüh - ren mit den Sil - ber-tö - nen je - des wei - che
들 려 오 는 그 의 소 리 들-려 오 지
Herz, je - des wei - che Herz,
만 분 명 치 않 구 나
Lass auch dir die Brust be-
오 라 는 가 나 의
a trifle faster.
we - gen, Lieb - chen, hö - re mich,
사 랑 들 리 는 곳 에
be - bend harr' ich
타 는 듯-한

dir ent-ge - gen!
나 의 생 각
komm, be-glü - cke
기 - 다 리 는
mich,
너
komm, be glü - cke mich,
잊 을 수 없
구 나
be -
나
glü - cke - mich!
의
사
랑

Wiegenlied

슈베르트의 자장가

F. Schubert

Serenade rimpianto

토셀리의 세레나데

E. Toselli

Fu la sua vi - sion qual dol - ce sor - ri - so
사 - 랑의노 래 들 려 온 다 -
che più lie - ta fa, col suo bril - lar, la no-stra gio-ven - tù
옛 - 날을말 하 는 가 기 쁜 우 리 젊 은 날 -
Ma fu mol - to bre - ve in me la dol - cez - za di quel ben sva -
은 빛 같 은 달 빛 이 동 산 위 에 비 치 고 정
ni quel bel so - gno d'or la - scian-do in me il do - lor!
- 답 게 속 삭 이 던 그 때 그 때 - 가

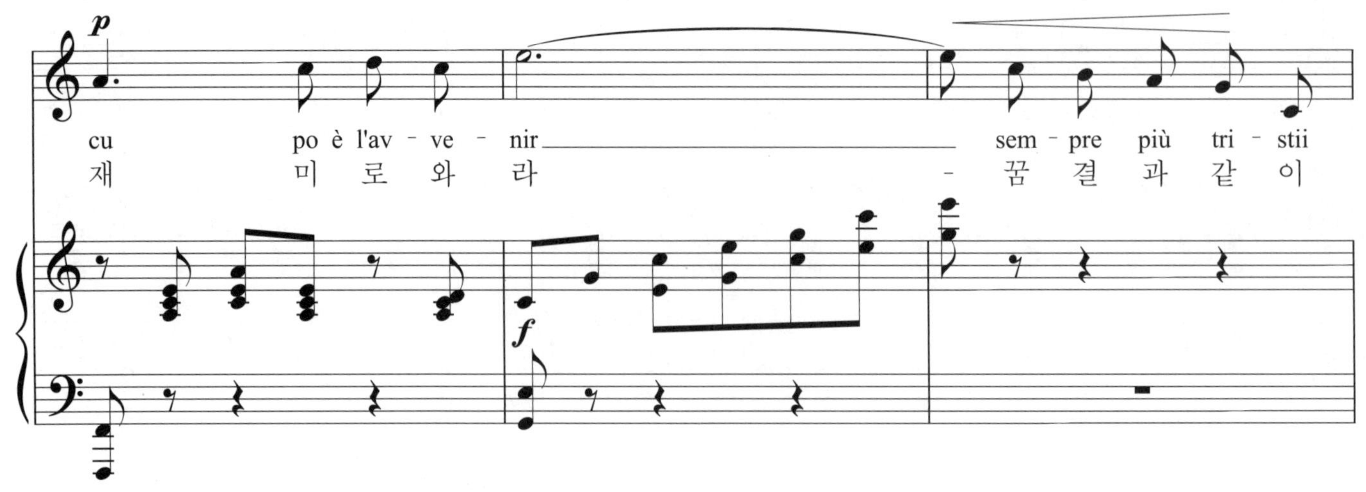

p
cu   po è l'av - ve - nir______   sem - pre più tri - stii
재   미 로 와 라   - 꿈 결 과 같 이
f

p
3   3
di   la gio-ven-tù   pas - sa - ta sa - rà   rim - pian-to mi
지   나 갔 건 만   내 마 - 음 에   사 무 - 친

rit.
re - sta - sol,   si   rim - pian-to amaro e duol______   nel
그 일 -   그   리 워 - 라 - 사   - 랑
rit.

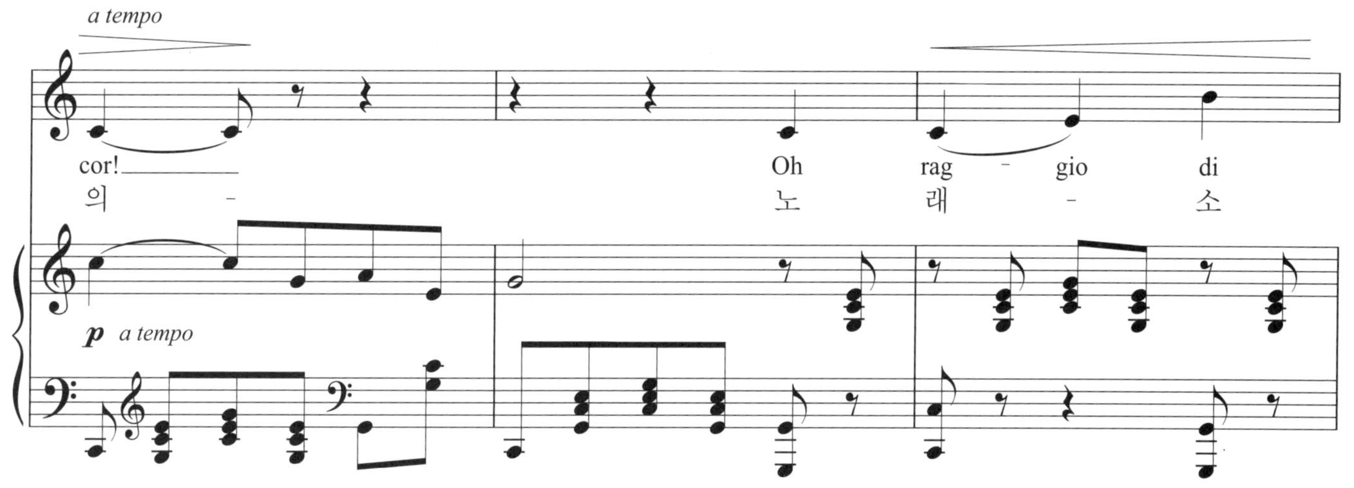

a tempo
cor!
Oh rag - gio di
의
노 래 - 소
p a tempo

so - le,
리 -
p
Sul mio cam - mi - no ahimè non brii li
아 - - 기 쁜 우 리 젊 은

p a tempo
pp
più! Mai più! Mai più!
날 아 아 아 아 -
p a tempo
pp
ppp

World Famous Songs

애창세계명곡

발행인 남 용
편저자 일신음악연구회
발행처 일신서적출판사
주 소 서울시 마포구 독막로 31길 7
등 록 1969년 9월 12일 (No. 10-70)
전 화 (02) 703-3001~5 (영업부)
(02) 703-3006~8 (편집부)
F A X (02) 703-3009
I S B N 978-89-366-2873-4   93670

이 책에 수록된 곡들은 저작권료를 지급한 후에 제작, 출판하였으나 일부의
곡은 저작자 또는 저작권 대리권자에 대한 부분을 여러 매체나 기관을 통해
알아보려고 노력을 하였으나, 해당곡에 대한 저작자 및 저작권 대리권자에
대한 부분을 찾지 못하였습니다.
하지만 부득이 해당곡들을 사용하고자 하오니 부디 선처하여 주시기를 바랍
니다. 추후 저작자 및 저작권 대리권자께서 본사로 연락을 주시면 곡의 사용
에 대한 저작권법 및 저작자 권리단체의 규정에 따라 조치를 취할 것을 약속
드립니다. 저작자의 권리는 존중되어야 합니다.
부득이 저작권자의 승인없이 저작물을 사용하게 되어 대단히 죄송합니다.